Edição renovada e atualizada: 2012 pela
editora da Mente.
Primeira edição:1996.
Capa: Andrey Lamberty

T814s Trevisan, Lauro
Sem pensamento positivo não há solução / Lauro Trevisan. – 1. ed. renov. e atual. – Santa Maria : Editora da Mente, 2012.
184 p.
ISBN: 978-85-7151-001-6
1. Psicologia 2. Auto-ajuda 3. Motivação
I. Título
CDU 159.962.7

Ficha elaborada por Eunice de Olivera, CRB 10-1491

EDITORA DA mente

Pedidos: Editora e Distribuidora da Mente Ltda.
Rua Tuiti, 1677 - Caixa Posta 599
97015-663 - Santa Maria - RS - Brasil
Fone: (55) 3223.0202 - Fax: (55) 3221.7184
E-mail:mente@laurotrevisan.com.br
Site: www.editoradamente.com.br

LAURO TREVISAN

SEM PENSAMENTO POSITIVO NÃO HÁ SOLUÇÃO

15ª Edição

Editora da Mente – Santa Maria
2012

Uma palavrinha a Você

Sei que você é muito inteligente, esforçado, e fez o possível para resolver a sua situação. E nada conseguiu. Ainda assim, posso assegurar-lhe que seu caso tem solução. Tem mesmo. Digo mais: Só existe o problema porque existe a solução.

Por pior que seja sua desgraça, aqui você encontrará o caminho mais fácil e mais simples para chegar a bom termo.

Deixe de lado o pessimismo, o desespero, a frustração, a vontade de morrer. Isso não leva a nada. São sentimentos que obscurecem a sua mente, impedindo de ver luz no fim do túnel.

A primeira coisa a fazer é decidir-se a ler este livro, uma vez que, se você continua a pensar como sempre pensou, vai continuar acontecendo o que sempre aconteceu. Isso é sabido.

Retire o foco da sua atenção do problema e concentre-se aqui. Algo inimaginável vai acontecer. Você dará a volta por cima e encetará o caminho do sucesso, da saúde, do amor e da prosperidade. Prometo. Não importa se não acredita em mais nada, se entregou as armas, se acha que perdeu a batalha, se foi parar no fundo do poço. Só o que é necessário é prosseguir a leitura. Então, em frente!

Com carinho:

Lauro Trevisan

EM TEMPO: Espero você no final do livro. Quero ver o tamanho do seu sorriso. Até lá!

1

FAZENDO CONEXÃO

Logo depois de ter criado o mundo, Deus sentou na borda do firmamento e ficou contemplando sua obra grandiosa: as estrelas brilhando, os planetas girando na órbita celestial, os rios seguindo seu curso, as montanhas fixadas no seu pedestal, as plantas cumprindo sua finalidade, os animais crescendo e proliferando, tudo na mais perfeita ordem e harmonia.

Passado certo tempo, o Criador não se satisfez em ver sempre o mesmo cenário, os mesmos resultados, as mesmas ocorrências já previsíveis, e decidiu criar um ser que pudesse realizar algo diferente, um ser sem a mesmice das plantas, dos animais, das rochas. Pensou numa criatura que surpreendesse, inventasse, modificasse, acrescentasse, extraísse algo do imponderável, fizesse acontecer o que ainda não era.

- Bom – conjeturou Deus – nesse caso precisa ser alguém semelhante a mim.

Gostou da ideia. E imaginou um pequeno deus, feito de si mesmo, à sua imagem e semelhança, com sabedoria para criar e discernir, liberdade para escolher, poder para realizar, e felicidade como estado natural existencial.

Acendeu uma mecha na sua divindade e colocou-a no íntimo intangível desse ser, dando-lhe o nome de espírito. É por isso que dizem que o espírito é a fagulha divina, o fogo infinito, a luz inextinguível.

E disse Deus:

- Vai, preside a criação, cria algo da sua genialidade, inventa, modifica, melhora, acrescenta, sai do óbvio.

Essa criatura é você. Assim é você.

Foi-lhe dado poder criador. Maravilha. Fantástico. E você saiu por aí criando, esbanjando, ferindo, agredindo, construindo, destruindo, amando, violentando, abraçando, beijando, derramando ciúmes e invejas, enriquecendo, empobrecendo, vencendo, fracassando. Nessa maratona existencial acontecia o que você queria e o que não queria. Ficou pasmo. Decepcionado. Esquecera que junto com o poder e a liberdade, Deus lhe dera as Leis universais, para orientá-lo, entre elas a Lei de que ***você colhe o que semeia.***

Quer colher resultados positivos? Seja positivo. Você colhe o que semeia. Essa é a Lei.

Inventei essa historinha para que você se conscientize de que a solução não só é possível como necessária. Nas Leis está a chave do estrago e da solução.

Se Deus sentasse hoje na borda deste planeta e contemplasse a caminhada da sua vida, estaria satisfeito com os resultados?

Pense nisso.

2

RETOME A SUA VERDADE

"Não há nada de grande na terra a não ser o homem; e não há nada de grande no homem senão a sua mente". (William Hamilton)

Eu acrescento:"Não há nada de grande na mente senão o Deus que a habita; e não há nada de grande na mente habitada por Deus senão o poder criador".

Na mente, o poder. Todas as ações humanas nascem na mente. Aí reside o poder criador e curador.

O que se cria mentalmente tende a manifestar-se no mundo.

Você, na verdade, é o efeito da sua mente.

Sua vida, o seu fazer e o seu ter, são o retrato fiel do que se passa na mente.

Mente positiva – vida positiva.

Mente negativa – vida negativa.

******

Nota:

Pela mente você conhece a sua vida e pela sua vida você conhece a sua mente. É a lei de causa e efeito.

******

Jesus já dizia: "Toda árvore boa produz bons frutos; toda árvore má produz frutos maus".

O ser humano – como assinala a mensagem inicial – é a criatura mais grandiosa da face da terra, porque tem a dimensão divina – o espírito - através do qual é exercido, em toda plenitude, o poder criador.

Não basta, porém, ter o poder. É essencial *saber* que tem poder e *saber usá-lo.*

A semente, por exemplo, contém a árvore, mas esta apenas se expressará na sua realidade plena quando se tornar fisicamente árvore. Enquanto semente, não passa de potencialidade.

De nada adianta você ter a mente-espírito que Deus lhe deu, com poder divino imanente, se não tem conhecimento. Ninguém quer o que não conhece, diz a sabedoria antiga.

Os fatos são a comprovação de que você está usando a mente e o poder criador. E mostram *como* está usando esse poder. Pelos frutos se conhece a árvore – disse o Mestre.

******

Bem-aventurados os que conhecem a dimensão da mente, sua capacidade criadora, e usam-na para construir uma vida alegre, próspera, saudável, e um mundo melhor.

******

3

ACERTE DESDE JÁ O CAMINHO DA SOLUÇÃO

Anos atrás, quando dirigia uma editora, afixei este letreiro: “Não traga o problema, traga a solução”.

Solução é a maneira positiva de resolver uma situação.

Abandonar o problema, escondê-lo, evitá-lo, postergá-lo, é atitude negativa, que trará resultados nefastos. Chorar o leite derramado não o faz voltar ao pote.

Certa vez, um sujeito me disse que não pagava as contas velhas.

- E as novas? – perguntei-lhe.

- Deixo ficarem velhas – respondeu, com a maior desfaçatez.

Isso não é solucionar: é fazer como o avestruz que, segundo a lenda, esconde a cabeça para livrar-se do perigo. Está gerando problemas maiores ainda.

Um senhor contou-me que a empresa onde trabalha estava passando por situação muito difícil.

- E você? – perguntei-lhe.

- Bem, a empresa não é minha e não fui eu que a

coloquei nessa enrascada – respondeu-me, sacudindo os ombros.

Recordo que lhe citei essa frase de Stanislaw Jerzy Lec, poeta polonês, falecido em 1966: "Cada floco de neve de uma avalanche se declara não culpado".

Numa equipe de futebol, o goleiro não é o único culpado pelos gols que o time leva.

Cada floco de neve tem sua parcela de participação no todo.

Se você é parte, pertence ao todo. Você também é solução.

E aqueles que só criticam?

Há sempre os que nada fazem e ficam jogando pedras nos que tentaram realizar alguma coisa, como aquela piada de Malcolm Kushner, que colocou estas seis etapas de um projeto de grupo: "1) Entusiasmo. 2) Desilusão. 3) Pânico. 4) Procura do culpado. 5) Punição do inocente. 6) Elogios e honras aos que não participaram."

É o retrato da antissolução.

******

Só é solução quando o problema for resolvido de forma positiva, no momento certo.

******

4

NÃO PEGUE O LADO ERRADO

A primeira coisa a ficar bem clara é esta: sem pensamento positivo não há solução. Guarde bem esse princípio.

Pensamentos e considerações positivas em torno do assunto são a única via para chegar a bom termo. Todas as demais levam ao abismo.

"Não se colhem uvas de abrolhos" – avisava o Mestre.

É muito frequente as pessoas envolvidas num conflito ficarem gastando horas e dias em mútuas acusações. Desencadeia-se uma guerra fria. Isso quando não acontece a guerra quente, com canhonaços para todos os lados. O resultado é devastador: criam-se inimizades, formam-se grupos antagonistas, estimulam-se boicotes e a solução naufraga.

Análises negativas, visão pessimista, conclusões infelizes, queixas, acusações - jamais conduzirão ao ponto desejado.

Encarando o problema pelo lado obscuro, você não chegará ao desiderato positivo. Acha você que pondo sal adoçará seu café?

Se você tem falta de dinheiro, não resolve jogar fora o cofre.

Se o negócio incendiou, não acrescente prejuízo pondo mais lenha no fogo.

Seja sensato. Não gaste tempo e energia à toa. Vá direto à solução.

******

Observação:

Sem pensar positivamente não há como chegar a resultados benéficos. Pelos descaminhos não se chega ao caminho.

******

Se o erro foi seu, não queira empurrar a culpa para cima dos outros. Se você é baixinho, adianta querer quebrar as pernas das pessoas para que você seja o indivíduo mais alto?

Culpar outros através de golpe sujo é assinar a própria desgraça.

5

ESTÁ INFELIZ?

Se você está infeliz, não é solução se queixar, amaldiçoar a vida, buscar razões filosóficas para justificar seu inferno astral, ou apontar culpados: continuará infeliz.

Se você tem um tubarão morto, mudar o nome do bicho não vai trazê-lo à vida.

O pensamento negativo ou pessimista puxa para trás; o pensamento positivo empurra para frente.

A solução, que seja de fato solução, visa sempre o melhor, o sucesso, o progresso, a posição mais alta.

Entender que mesclar pensamentos negativos com positivos vai dar uma média benéfica é como a história do matemático que queria matar um pato selvagem. Deu dois tiros: um passou um metro à frente do pato, o outro um metro atrás da ave. Conclusão do matemático: "Na média, matei o pato".

Muitos pretendem resolver o problema pedindo bênção a Deus e ao diabo. Acreditam que receberão uma mãozinha dos dois lados.

Quem retorna, não avança; e quem não sabe para onde vai, chegará ao lugar errado.

6

FAÇA FOCAGEM POSITIVA

Qualquer medida tomada, só será solução se tiver focagem positiva. Lembre-se que a escuridão nunca produzirá luz.

Solucionar é avançar na direção certa. E certa é apenas a via positiva.

- Somente a árvore boa produzirá frutos bons – assegurou Jesus.

O mal não produzirá o bem; a negatividade não produzirá efeito positivo.

Sem pensamento positivo não há como encontrar a direção certa.

Se você está desanimado, deprimido, estressado, saiba que, por esse caminho, jamais a saúde baterá à sua porta. Mude imediatamente de atitude mental, encare a vida com otimismo e crie ideias positivas, perspectivas grandiosas e entusiásticas – e a luz brilhará.

******

Em tempo:

Qualquer solução será verdadeiramente solução se for positiva. Negativamente, só haverá dissolução.

******

7

O CAMINHO

Há apenas um caminho que conduz você ao melhor: pensar positivamente o melhor.

Há apenas uma via que o levará para frente: a decisão positiva de seguir adiante com fé.

Há apenas uma maneira de vencer a desgraça: contrapor-lhe a força da vitória.

O pensamento positivo está na raiz e na alma de qualquer sucesso.

O pensamento positivo é o conteúdo da fé que tudo alcança.

******

Mais uma vez:

Acredite que sem pensamento positivo não há solução.

******

8

VENCEM OS QUE ACREDITAM QUE VENCERÃO

Emerson, (1803-1883), filósofo que exerceu profunda influência sobre o povo norte-americano, certa vez escreveu: "Vencem os que acreditam que vencerão".

Querer a vitória, mas acreditar na derrota, não é trajetória de vencedor.

Emerson estava certo.

Exemplos, que comprovam a veracidade da afirmação daquele pensador, existiram e existem por toda parte. São inúmeros os fatos históricos, ao longo da caminhada humana através dos tempos, em que situações perdidas e praticamente derrotadas, transformaram-se em brilhantes vitórias e conquistas.

Assim é no dia a dia de qualquer indivíduo.

O sucesso não é tanto resultado de cultura máxima, experiências científicas, treinamento, apoio logístico, mas principalmente da certeza absoluta de que você conseguirá o que pretende.

A determinação da meta e a fé na sua realização levam

ao resultado.

O próprio Emerson escreveu: "O profundo poder no qual existimos e cuja bem-aventurança nos é acessível, não só se basta a si mesmo e é perfeito em cada instante, como também faz com que o ato de ver e a coisa vista, espectador e espetáculo, o sujeito e o objeto, sejam um só".

Quando você é uno com o seu projeto de vida, a concretização sempre acontece.

Jesus ensinou que o pedido contém o recebimento, quando disse: "Pedi e recebereis, porque todo aquele que pede recebe".

******

Atenção:

Sucesso significa fusão entre o desejo e a materialização do mesmo. Sem resultado positivo, não há sucesso. Não basta conformar-se com o esforço feito, é preciso chegar lá, para haver sucesso.

******

Sucesso, portanto, não é sorte nem privilégio. É o verdadeiro exercício da vida humana.

Sucesso, em última análise, é o único caminho do ser humano. Tudo o mais é descaminho, desvio de rota, desperdício de tempo e perda de dinheiro.

Se a sua vida não se coaduna com seus sonhos grandiosos, há alguma coisa errada.

Se os seus empreendimentos não chegaram a bom termo, faça uma auditoria não só sobre o negócio em si, mas também, e principalmente, sobre a sua mente. Vasculhe na mente suas crenças a respeito do empreendimento.

Crenças negativas levam a resultados negativos.

Vencem os que acreditam que vencerão. Perdem os que acreditam que perderão.

******

Entre os ingredientes que conduzem ao sucesso, estão:
**** meta clara;***
**** certeza do resultado, ou seja, fé no resultado;***
**** entusiasmo excitante;***
**** e arrancada para o objetivo.***

******

O sucesso e o fracasso não dependem do tamanho do projeto e sim do tamanho da fé no resultado.

******

Se você vive situações difíceis, mentalize, ore, e siga em frente, porque, como dizia o Mestre, a fé move montanhas.

Pode quem pensa que pode.

9

OS PASSOS PARA O SUCESSO

Sucesso significa a realização, no tempo oportuno, de qualquer objetivo positivo predeterminado.

Sucesso é substantivo que indica ato finalizado com resultado positivo.

A fusão entre o pensamento positivo desejado e o resultado obtido - chama-se sucesso.

PRIMEIRO PASSO DO SUCESSO: A IDEIA

O ponto de partida para o êxito é, sem sombra de dúvida, uma ideia, um projeto, um objetivo, um ideal, uma meta, um desejo. Todas essas palavras são produtos da alma e carregam, no seu bojo, a substância positiva.

O sucesso nasce na mente.

Primeiro a ideia, depois o fato.

A palavra sempre antecede ao ato.

Disse Deus: “Faça-se a luz”. E a luz foi feita. Assim relata o gênesis. A luz jamais existiria se não tivesse havido a ideia que a antecedeu.

Ideia, palavra, imagem, projeto, ideal, meta, desejo,

sonho, tudo é pensamento criador.

SEGUNDO PASSO: A IDEIA DEVE SER POSITIVA

Se não existir o pensamento criador, não existirá sucesso. Mas se o pensamento criador não for positivo também não haverá sucesso.

Negativismo, pessimismo, descrença, apatia, inércia mental, são o que se pode chamar de antissucesso.

O negativismo desfaz, ou faz mal, ou não faz. É o oposto do sucesso.

******

Pense nisto:

Positivo é aquele que vê com os olhos da mente o resultado benéfico desejado. Apenas este pode alcançar sucesso. A comprovação está na verdade de que não há efeito sem causa e toda causa é mental.

******

Certo dia, perguntaram ao grande Michelangelo, (1475-1564), como fazia para criar suas obras magníficas.

- Muito simples – respondeu ele. – Quando olho um

bloco de mármore, vejo a escultura dentro. Tudo o que faço é retirar as aparas.

Quando você gera um desejo e acredita nele, sua imaginação assemelha-se à de Michelangelo: comece a esculpir a realidade desbastando as arestas.

As aparas não servem para a estátua. As aparas são resíduos que deformam a realidade desejada. Retire as arestas negativas incrustadas na sua ideia original, no seu projeto. Mantenha apenas a ideia positiva, límpida, desbastada.

Às vezes, você tem uma meta bonita, grandiosa, mas esse objetivo logo é infestado de medos, de barreiras, de impossíveis. Retire de imediato essas aparas. Trabalhe apenas a ideia positiva, a meta ambicionada. Veja mentalmente o que deseja. Clarifique o seu sonho.

Faça assim e estará exercendo o seu destino mais alto. Mas, faça desde já. Tempo é ouro.

TERCEIRO PASSO: AUSCULTE A EMOÇÃO DESENCADEADA

Seu desejo, além de ser positivo, precisa ter vida.

Ter vida significa sentir emoção, sentir fogo no coração, ser dominado por uma energia explosiva chamada entusiasmo.

Você se concentrou, seu projeto aflorou, agora pare, silencie, para sentir o efeito no coração. Se não sentir nada, nenhuma emoção positiva, nenhum ardor ou fervor, você está com um projeto frio. Acha que vai adiante? Como disse o Mestre: "A semente caiu em terreno pedregoso, logo as dificuldades sufocarão a tenra plantinha".

******

Realize a meta nascida do amor, da paixão, da fé, da emoção positiva, do entusiasmo.

******

QUARTO PASSO: AÇÃO

Ação é movimento e só o movimento produzirá a mudança e a nova realidade.

******

Quando a ideia é inflamada pelo entusiasmo, você não deixará de buscar a realização. Emoção positiva e entusiasmo são impulsos vigorosos que tirarão você da cama e o levarão a agir.

******

QUINTO PASSO: A SOLUÇÃO

A ação, incendiada pelo entusiasmo, conduz à solução,

ou seja, à realização.

O objetivo será alcançado.

Sabendo disso, você terá facilidade de rejeitar qualquer tentação contrária. Uma força maior sempre supera uma força menor.

Vá em frente, que a vitória será completa.

10

INSISTINDO SOBRE O SUCESSO

Só há um caminho para o sucesso: pensar positivamente.

Sucesso não é palavra abstrata: é o efeito positivo de causa mental positiva.

Sucesso é efeito.

Resultados negativos jamais poderão ser chamados de sucesso. Pode-se dar o nome de frustração ou de fracasso.

Não há sucesso sem pensamento positivo.

Pensar positivamente não é opção dispensável, nem apenas hábito desejável, muito menos requinte de perfeição. É o único caminho benfazejo da vida humana.

Assim como é impossível colher figos de espinheiros, igualmente é impossível colher sucessos de pensamentos negativos.

Você só colhe o que semeia – é outra Lei da mente.

******

Atenção:

O que faz a criatura humana ser criatura humana é a mente, por isso as leis que regem a vida humana são Leis Mentais.

******

A ação da mente se processa pelo pensamento.

Pensamento positivo – resultado positivo.

Pensamento negativo – resultado negativo.

Sucesso é efeito positivo de uma causa mental positiva. Já foi dito.

Compreenda, pois, que não há sucesso sem pensamento positivo. É bom insistir.

Essa é a Lei da vida.

Não há solução nem sucesso sem pensamento positivo.

11

SE NÃO COMEÇA NÃO CHEGA LÁ

Aquele sujeito, que sofria de Síndrome da Crise Econômica, nunca conseguia trabalhar: em janeiro, fazia férias; em fevereiro, eram os outros que faziam férias; em março, o início das aulas atrapalhava tudo; abril era mês muito entrecortado por feriados: descobrimento do Brasil, Tiradentes, Semana Santa, Páscoa, não valia a pena começar; em maio, o Dia do Trabalho e o próprio aniversário atrapalhariam qualquer bom começo; em junho, havia que se preparar para o inverno; julho, mês de férias; agosto, mês de ficar em casa por causa do frio e das chuvas; setembro era um mês bom para curtir o início da primavera; outubro, mês propício para começar a preparar-se para o trabalho; novembro merecia um descanso devido ao esgotamento e estresse do ano; dezembro, só se pensa em Natal. Bom, o negócio é espantar a crise no ano que vem. Aí sim. Só que, em janeiro, fará férias....

Muitos só pensam, só veem e só falam em crise o ano todo. Sempre imbuídos das melhores intenções de começar os empreendimentos quando a crise passar, ficam debruçados no passado, falando "no meu tempo" e "antigamente sim". Não seja como o caranguejo que, segundo dizem, anda para trás.

Lembre que crise é estado mental.

******

Reflita:

Enquanto pensar que deve esperar dias melhores para negócios, nada fará.

******

Se colocar na cabeça um projeto e acreditar nele, você o realizará.

O motor da riqueza, da prosperidade e do sucesso é a mente positiva. É bom relembrar.

Você prosperará se acreditar no progresso e meter-se a caminho aqui e agora, com entusiasmo irreversível.

Faça a sua realidade e não aceite que qualquer realidade negativa faça você.

Não existe crise para quem não pensa crise, não vê crise e não fala em crise.

Existe a prosperidade para quem a deseja e se rende ao seu chamado.

A mente positiva faz a realidade positiva.

Olhe aquele edifício imponente. Está aí porque alguém

o imaginou. Antes do prédio, muitos viram naquele espaço apenas capoeira, matagal, terreno baldio, lixo.

O pensamento positivo não somente muda a realidade, como também cria a realidade. A física quântica já comprovou essa verdade.

******

Vamos lá: carregue a mente de boas ideias, ligue o motor da fé, aperte o acelerador do otimismo e arranque rumo à fortuna. Porque esta ajuda os audazes.

Comece, porque é impossível terminar o que não foi iniciado.

******

A mente positiva faz
a realidade positiva

12

SOLUÇÕES SEM SOLUÇÃO

Grande parte da humanidade comete o desplante de querer solucionar o problema pelo lado equivocado. Talvez você também esteja nesse grupo. Esses, embora a história e a vida provem que o caminho está errado, teimarão até o fim em repetir a desgraça.

Eis alguns exemplos gritantes de resultados desastrosos e sinistros:

* Querer solucionar a pobreza e a carência através de violência, assalto, roubos, assassinatos.

* Pretender solucionar o desamor e a infidelidade pela ofensa, agressão e homicídio.

* Achar que resolverá a solidão pelo estupro.

* Usar a corrupção para extrair dinheiro.

* Abusar do poder para submeter as pessoas.

* Entender que a mentira e a falsidade podem conquistar favores e vantagens.

* Acreditar que o sofrimento é caminho da cura.

* Perseguir os ricos para acabar com a miséria dos miseráveis.

* Promover guerra para extorquir riquezas alheias.

* Eliminar frustrações, perdas e fracassos pelo suicídio.

* Desistir da vida para encontrar a paz.

Muitas outras tentativas de solucionar problemas e desgraças usando métodos nefastos e ações negativas são adotadas por pessoas que desconhecem o princípio mais elementar de que o descaminho jamais levará ao caminho. Não há como plantar ervas daninhas e colher frutos benéficos. Tentar soluções negativas nunca trará resultados positivos. Como quererá uma pessoa plantar desgraça para colher benefícios? É mais do que sabido que o mal produz o mal, o bem produz o bem.

Volto a relembrar: sem pensamento positivo não há solução.

13

DIAGNÓSTICO DOS QUE CONSEGUEM

Há um segredo que faz a diferença entre os que muito conseguem e os que nada alcançam.

Você vai agora tomar conhecimento do segredo e colocá-lo em prática, então sua vida mudará da água para o vinho.

Quando se veem tantas pessoas se queixando de Deus e todo mundo, outras tantas sentadas à beira do caminho em completo desalento, outras mais com seus dons e aptidões indo por água abaixo – tem-se a impressão de que a vida é injusta, difícil, complicada e incontrolável.

Nada disso. O que acontece é que grande parte dos indivíduos não conhece o segredo mais óbvio do sucesso: *SABER O QUE QUER.*

Parece piada, mas cansei de ouvir pessoas que se lastimam amargamente de nada terem ou de nunca progredirem na vida e, no entanto, não sabem o que querem. Algumas até são capazes de desandar verdadeiros arrazoados filosóficos, sociológicos, ideológicos e todos os demais ógicos possíveis e imaginários sobre a sua situação escabrosa e sobre os desenganos do mundo, mas, ao fim e ao cabo, não sabem o que querem.

A boa vontade, às vezes, é do tamanho daquela de Rabelais, que teria consignado no seu testamento: "Devo muito, nada tenho e deixo o resto para os pobres".

Tem gente que passa o dia inteiro imaginando uma fórmula de endireitar banana ou de fazer caranguejo andar direito, mas não sabe o que pretende fazer com a vida.

Conheci um sujeito que passou dez anos estudando o sexo dos anjos, mas aqui na terra não sabia o que queria da vida.

Antes de abrir a boca para contestar o que estou escrevendo, responda-me depressa: Qual é o seu projeto de vida? Não cometa a genialidade de ficar falando oito horas sem parar até encontrar uma ideia para responder à pergunta.

Se está deprimido, ao invés de ruminar as causas do péssimo astral, imagine a solução.

******

Pare e pense:

Se fracassou, lembre-se que os dias não retornam: pergunte-se qual é a sua meta a partir de agora.

******

Se acabou de se formar na universidade e não sabe onde enfiar o canudo e o que fazer com seus estudos, use um dia inteiro de meditação para traçar os objetivos a serem alcançados a curto e médio prazos.

Antes de tudo, aponte o caminho.

Quando você determinou, em apenas uma frase, com limpidez, o que deseja, pode ter a certeza de que fez o principal. Sua mente consciente e subconsciente trabalharão nessa direção e todas as forças humanas e divinas se conjugarão para levar o seu projeto a bom termo. Também o universo conspirará a seu favor.

Ao definir clara e sumariamente o que quer, você acendeu o motor mais possante e poderoso, que o levará ao destino sonhado.

14

TRÊS OBJETIVOS

Agora acomode-se por aí mesmo, relaxe, feche os olhos, (se possível, ligue uma música suave), concentre-se e trate de determinar os três objetivos mais importantes da sua vida atual. Não perca tempo em analisar dificuldades e empecilhos que serão interpostos pela mente consciente. Situe-se apenas naquilo que deseja. Proclame mentalmente. Sem volta. Sem medos. Sem mas nem més.

Descobertos os objetivos, nunca os tire da mente. Dormirão com você, acordarão com você e passarão o dia com você. Subirão a Deus com você, descerão à terra com você. Foco neles.

Conclua, com sentimento e fé: "Assim é e assim será".

Nem pode ser diferente.

15

O PENSAMENTO POSITIVO LEVA A RESULTADOS POSITIVOS

Conhece a história do gaúcho de uma espora só?

Perguntaram-lhe:

- Por que você usa só uma espora?

- Muito simples: se eu faço um lado do cavalo andar, o outro lado tem que acompanhar, tchê!

Piadas à parte, entremos pelos labirintos da filosofia: "O que faz o cavalo andar é a espora e o que faz a espora funcionar é o cavaleiro". Pois bem, o que faz a sua vida andar é o seu pensamento e o que faz o pensamento funcionar é a mente. Seus pensamentos esporeiam sua vida e ela andará acicatada por eles.

******

Conclusão:

O que acontece na sua vida é criado por você mesmo.

******

Há pessoas que ficam escoradas no muro das lamentações à espera de que a vida melhore. Agem como aquele que imagina que o cavalo cutuca a espora e a espora aciona o cavaleiro.

No começo deste século, Santos Dumont imaginou o avião e o avião foi feito e voou, embora muitos achassem impossível. As pinturas da Capela Sistina do Vaticano existem porque Michelangelo as imaginou e executou.

Não é o caso de você usar o mesmo raciocínio para ter a sua casa, os seus bens materiais, as qualidades desejadas, o sucesso almejado?

Se você é daqueles que pensam que estão sempre no lugar errado e na hora errada, experimente pensar que são seus pensamentos errados que o colocam nos lugares errados.

Você é o que pensa – é frase comum entre os que conhecem a ciência do Poder da Mente.

O que coloca o ser humano à altura da sua dimensão divina é a mente, porque é ela que exerce o poder criador.

******

Responda:
Você usa a mente de forma positiva?

******

Antigamente se dizia que tem gente que usa a cabeça só para pendurar o chapéu. Era uma broma aplicada a certas pessoas que não raciocinavam adequadamente.

Hoje se diz que tem gente que usa a cabeça apenas para tapar o pescoço. Pior ainda são as pessoas que usam a cabeça somente para dar cabeçadas.

Você é e tem o que pensa.
É tal qual seus pensamentos, como diz a bíblia.

Lembrei, neste instante, um versinho que aprendi no meu tempo de colégio:

"Cabeça, que desconsolo,
Cabeça, força é dizê-lo:
Por dentro não tem miolo,
Por fora não tem cabelo."

Não lembro o autor, mas estava numa antologia escolar.

Muito bem, desejo que você use essa cabecinha maravilhosa, que Deus lhe deu, para criar projetos grandiosos e acreditar neles. Meta a espora – basta uma só – nos seus ideais e eles galoparão rumo à realização.

Pensar é poder.

16

ESTAR POSITIVO NÃO É SER POSITIVO

Se misturar duzentos gramas de farinha de primeira num saco de farinha de péssima qualidade, a farinha de primeira desaparecerá e todos dirão que você tem farinha insuportável.

Se colocar um litro de gasolina extra num tambor cheio de água e jogar no tanque do seu carro, verá o motor bufar feito doido e não funcionar.

É neste sentido que lhe digo que o maior engole o menor.

Há pessoas que se queixam o tempo todo de que não vão bem nos negócios e não têm dinheiro. Desde o amanhecer exclamam que a coisa está ruça. Ligam a televisão, leem o jornal, ouvem rádio, conversam com os amigos, e o assunto é sempre o mesmo: crise, falta de dinheiro, situação complicada, salário baixo, lojas vazias... Se vão fazer alguma coisa, ficam sempre com um pé atrás. Se querem comprar algo, logo desistem porque o dinheiro está pouco. Passam o tempo todo navegando nas águas do pessimismo e do derrotismo.

Mas, essas pessoas dizem que mentalizam todos os dias riqueza e sucesso. Chegam até a imaginar que são positivas, porque alguns anos atrás leram o livro "O Poder Infinito da Sua Mente". Hoje sentem-se desiludidas dessa história de pensamento positivo, porque as coisas não deram certo.

Calma. Vamos raciocinar.

******

Medite:

Quantos minutos por dia você pensa positivamente? Posso dizer que chega a dez minutos? Dando por muito, vinte minutos diários. Conclusão: ficam no pessimismo as restantes 23 horas e quarenta minutos. Se puser um grão de açúcar num barril de água, esta adoçará?

******

Duzentos gramas de ótima farinha transformarão um saco de farinha deteriorada? Uma gota de gasolina dominará um tambor de água?

O maior engole o menor.

Você sabe que anda negativo, deprimido e estressado, mas não acrescenta um minuto sequer do seu tempo para mentalizar positivamente, para ler livros de sucesso e autoajuda. Não está nem aí quando o convidam para eventos que abrem perspectivas e inundam a mente de energias estimulantes e otimistas. Nem sequer se interessa em ouvir uma palestra sobre maneiras de desencadear forças interiores capazes de superarem as dificuldades e levá-lo à conquista dos seus grandes objetivos. Menos ainda acreditará que, apelando para Deus, será atendido.

- Deus está muito longe e terá mais o que fazer! – exclamará você.

Se a maior parte do tempo você for negativo – a vida será negativa. O maior engole o menor.

Se as dimensões da sua mente forem positivas – a colheita será abundantemente positiva.

O maior engole o menor.

Pensamentos mais intensos e duradouros sobrepujarão os demais.

Faça deste momento uma vibrante arrancada para o sucesso. Escreva mil pensamentos de sucesso, de alegria, de poder.

Demita definitivamente, por justa causa, todo o pessimismo.

Ponha como gerente absoluto de sua vida a fé.

Você atingirá objetivos inimagináveis. Com certeza.

Estar é circunstancial, episódico, ocorre de vez em quando. Hoje estou positivo. Ontem foi para mim um dia positivo, mas hoje me sinto pesado, sem energia. Ser é estado normal, corriqueiro, natural, coisa de sempre. Procure estar positivo a maior parte do tempo e logo mais você será positivo.

17

SEJA POSITIVO AQUI E AGORA

Mel Tobias escreveu: *"É difícil viver no presente, ridículo viver no futuro e impossível viver no passado."*

Palmas à sabedoria de Mel Tobias, apenas com uma correção: é simples e fácil viver no presente. Difícil é carregar o passado e o futuro.

Na verdade, só existe o presente. Se apenas existe esse caminho, nada mais sensato e claro do que seguir por ele.

Amarrar-se ao passado ou jogar-se no vazio do futuro é cair na inexistência.

Tem serventia um relógio cujo ponteiro das horas está loucamente adiantado e o ponteiro dos minutos anda sempre atrasado?

Consegue andar um carro em que você liga ao mesmo tempo a marcha-ré e a primeira?

Como é que fica se você mantém no corpo a roupa que usou durante todo o mês e ainda sobrepõe os trajes que pretende usar no inverno?

São comparações grosseiras que podem ajudá-lo na

reflexão.

Pior do que isso, só quando você carrega a carga de um passado fracassado somada à de um futuro desolador, em cima de um presente infeliz.

O tempo é aqui e agora.

Acerte neste momento o relógio da sua vida.

Só existe um lugar e se chama Aqui; só existe um tempo, que se chama Agora.

Coloque-se no Aqui e no Agora e descarregue tudo o que não cabe neles.

Esteja no seu lugar: é o primeiro passo do bem-viver.

Segundo passo: viver o aqui e o agora de forma positiva.

Seja positivo. Esta expressão não tem nada a ver com o "foi positivo" do passado e nem com o "será positivo" do futuro.

Passado e futuro negativos são fantasma. Desfaça-se deles, porque não têm vida, não têm alma, não têm existência real.

Carregar fantasmas na cabeça não deixa de ser alguma espécie de doença mental. O mínimo que se pode dizer é que a pessoa está fora da realidade.

******

Mentalize: "Agora e aqui eu sou feliz, agradável, positivo, saudável, bem-sucedido, próspero, protegido divinamente. Eu amo a vida, amo as pessoas, amo o amor, amo-me a mim mesmo, amo o universo, amo o Deus que me criou e que é o meu Poder Infinito".

******

Pronto, crie neste momento a sua realidade positiva.

Não esqueça, porém, este detalhe: a realização futura também depende do aqui e agora mental.

Mesmo as projeções futuras, devem existir na mente como realidades prontas aqui e agora. Isto porque a materialização de todo pensamento é processo da mente subconsciente e esta funciona em resposta a uma determinação com base no aqui e agora.

******

Nota:

Todo projeto ou desejo sempre há de ser imaginado pronto, acabado, como já existindo no tempo presente. Clarividência. Tanto o cérebro quanto o subconsciente

não distinguem entre imagem e realidade, desencadeando, consequentemente, a energia criadora e materializadora.

******

A sabedoria está em saber que a sua vida é o que lhe acontece aqui e agora.

Seu estado mental positivo, feliz, otimista, saudável, bem-sucedido, age sobre o subconsciente, fazendo a sua realidade atual.

Este é o seu momento.

Faça-o grandioso. Aqui e agora.

18

O CAMINHO PARA SER POSITIVO

Terá a minúscula semente de eucalipto o poder de produzir a gigantesca árvore do eucalipto ou é Deus que vem pessoalmente fazer crescer a planta do tamanho que ele quiser?

A semente de eucalipto contém o eucalipto?

É possível que a semente de eucalipto produza uma laranjeira?

São perguntas singelas que podem elucidar, de certa forma, alguma coisa em torno do Poder da Mente.

É Deus que age diretamente na pessoa ou é a mente que age baseada em princípios criados por Deus?

Se você diz que Deus age como quiser em cada ser humano, está negando o dom da liberdade e o mérito das ações do indivíduo. Se admite que Deus faz os atos da sua vida, está acreditando em destino fatalista.

Deus criou o mundo e estabeleceu Leis superiores através das quais funcionam o universo e todos os seres. Só que à criatura humana Deus acrescentou algo muito importante: deu-lhe liberdade de ação. É isso que faz a diferença entre as pessoas. O homem, por ser livre, pode criar ações positivas e negativas, fazer o bem ou o mal, ser rico ou pobre, ter saúde ou adoecer, ser feliz ou desgraçado. Essa liberdade de escolha dá valor e mérito aos seus atos.

Muitas das Leis que regem o universo já são conhecidas, como a Lei da gravidade, as Leis da física, da química, da eletricidade, da astronomia, assim por diante.

19

VOCÊ É REGIDO POR LEIS INFALÍVEIS

Você também é regido por Leis criadas por Deus. As Leis mostram o caminho, mas não carregam a pessoa. Elas balizam a sua vida, mas não o impedem de desviar-se.

Assim como qualquer pessoa que ligue corretamente a eletricidade numa lâmpada, esta acende (não importa se a pessoa é ateia e a lâmpada tenha sido fabricada por um bandido), da mesma forma a todo aquele que usar corretamente as Leis que regem a vida humana - o resultado nunca pode falhar. Todo aquele que usar negativamente as Leis, terá resultados negativos.

Conheça as Leis para poder beneficiar-se delas.

Uma das Leis que regem o ser humano é que ***todo pensamento unívoco produz a realidade do seu conteúdo.*** Neste caso, dizer que é Deus quem realiza o pensamento, ou dizer que é o pensamento que produz o resultado, ou afirmar que é a mente que materializa o pensamento, no meu entender é irrelevante. A origem última é Deus. Indiscutivelmente, o único caminho pelo qual se pode chegar a Deus é através da mente, já que qualquer oração ou meditação é celebrada pela mente. É bonito saber que a mente acessa o espírito que, em verdade, é a Fagulha Divina, o Deus imanente. Portanto, poder da mente significa, em última análise, o poder de Deus, imanente no secreto do ser humano.

As Leis funcionam sempre que sejam colocadas corretamente as premissas correspondentes, independentemente de méritos, de moral, de conduta ética. O mérito, a moral e a ética têm razão de ser por outras considerações que não vêm ao nosso caso.

******

Quer você acredite no Poder da Mente ou no Poder de Deus através da mente, os resultados são idênticos.

******

Atire uma pedra para o alto e você a verá retornar infalivelmente. A água sempre corre naturalmente para baixo. Antes de existir o fruto, necessariamente existirá a planta.

Tudo, no mundo, obedece à Lei.

O homem não é como folha jogada ao léu do vento.

O que sucede na mente, no corpo, no coração afetivo, no mundo exterior de cada um, é sempre efeito da causa que precedeu ao fato.

******

Atenção:

O ser humano é, no seu ser e ter, efeito da sua própria causa. Lei de causa e efeito.

******

Pouca gente, por exemplo, conhece a Lei do Retorno, que se expressa assim: ***"Todo o bem que uma pessoa pensa, fala, deseja ou faz a alguém, acontece em primeiro lugar à própria pessoa e retorna multiplicado".*** Significa que, se você ofende, comete injustiça, calunia ou prejudica alguém, mesmo que todos suponham que você tenha razão ou que esteja fazendo o bem, por força da Lei Universal este mal o ferirá.

Você pode escapar das leis humanas, ou enganar as pessoas, mas jamais conseguirá fugir à Lei Universal.

Se, aparentando a maior boa vontade, você fere o amor e a justiça devidos a alguém, terá os resultados negativos decorrentes desta ação.

Não se trata de castigo divino, mas de consequência. Lei de causa e efeito. O bem produz o bem, o mal produz o mal. Como dizia Jesus: "Cada árvore produz o seu fruto peculiar".

Se você deseja ter mente positiva e alegre, corpo saudável e cheio de energia, vida próspera e bem-situada, produza a causa mental correspondente. Simples e fácil de compreender.

As Leis universais se autocumprem em você, quer as conheça ou não.

20

SONHE GRANDE PARA SER GRANDE

Houve um homem que foi sozinho ao Pólo Norte. Seu nome: Dr. Jean-Louis Etienne. Montanhas de gelo, neve, ventos, imensidões a perderem-se de vista, e ele seguindo em frente solitário e firme.

Realizada a façanha, que deixa boquiaberta tanta gente que não tem coragem nem de ir ao bairro vizinho, ele exclamou:

"Há dois grandes momentos de felicidade: quando temos um sonho e quando conseguimos concretizá-lo".

A grande parte das pessoas nem se dá ao luxo de sonhar. Fica o tempo todo apagando incêndios. Faz-me lembrar o caso daquele gaúcho que foi viajar de avião pela primeira vez. Estava apavorado. O avião decolou, sacudiu um pouco para cá e para lá, e o homem já não se aguentava mais. Mas, o pior aconteceu quando o comandante começou a falar:

- Senhores passageiros, bom-dia! Aqui fala o comandante Confúcio. Se olharem para a direita verão, imponente, a cidade de Florianópolis.

O avião deu umas sacolejadas e o comandante continuou:

- Reparem, à esquerda da aeronave, as lindas praias que se estendem...

Nessa altura, o gaúcho não se conteve e berrou para o comandante:

- Olha pra frente, Pafúncio!

Assim acontece com você quando passa os seus dias preocupado, negativo, sem perspectiva, tentando apenas segurar-se na vida.

Se não alimenta belos e grandiosos sonhos, não pode realizá-los. É o óbvio ululante, como diria o escritor Nelson Rodrigues.

Se faz o que sempre fez, conseguirá o que sempre conseguiu.

O Dr. Jean-Louis Etienne somente chegou ao Pólo Norte porque sonhou que o escalaria. E o fez sozinho porque se determinou que assim o faria. Sozinho e Deus, como diz o outro.

Sonhar sonhos grandiosos – como confidenciou o Dr. Etienne – é um grande momento de felicidade. E basta você pensar um pouco para perceber que isso não custa nada.

Sonhar é imaginar, desejar, mentalizar, criar. Quer esteja deitado, sentado, caminhando, num ônibus, no trem, na praia, num bosque, onde for, deixe que a imaginação voe até alcançar os píncaros dos seus afetos e dos seus sonhos doirados.

Sonhar é milagre maior do que realizar.

Você pode dar asas aos sonhos até mesmo numa fila de banco ou de supermercado.

É tão simples e fácil sonhar. No entanto, digo-lhe que é mais natural realizar do que sonhar. Porque todo sonho já contém a realidade.

O sonho surgiu do nada e é resultado de um milagre mental. A materialização é decorrência natural que por si mesma se impõe.

O segundo momento de felicidade – conforme Jean-Louis – é ver o sonho concretizado.

Bem imagino a emoção de Jean-Louis ao chegar, por sua própria conta e risco, ao topo do Pólo Norte. Sua felicidade transcendeu o frio, o cansaço, os perigos, a neve, tudo.

Não o aconselho a tecer o mesmo sonho de Jean-Louis Etienne, mas sugiro que escale o pólo dos seus ideais e metas.

Sonhe grande, porque este é o único caminho para ser grande.

"Todo sonho legítimo se realiza" – escreveu Orison S. Marden.

******

Todos os caminhos passam pela mente. Eis o segredo.

******

21

A FORÇA DO PENSAMENTO POSITIVO

Certo dia, um sujeito estava vendendo pasta de sapato para problemas do pescoço.

Um interessado perguntou:

- Você garante que cura?

O vendedor respondeu:

- Olha, se cura não sei, mas asseguro que deixa o pescoço bem lustroso.

Muita gente fala em pensamento positivo.

Se algum crítico indagar:

- Pensamento positivo funciona de fato?

Alguém responderá assim:

- Funciona.

Outro já não é tão categórico:

- Às vezes funciona, às vezes não, mas sempre é bom ter pensamento positivo.

Você vai encontrar também pessoas muito céticas:

- Isso de pensamento positivo é papo-furado.

E você o que diz? Não vá responder que "não é a favor e nem contra, mas muito pelo contrário", porque essa piada é velha.

A ciência do Poder da Mente ensina que a mente consciente cria o pensamento e a mente subconsciente o executa. Em outras palavras, o pensamento, sob qualquer forma, aciona o Poder Interior, imanente no subconsciente, e este o realiza.

******

Lembre:

A mente consciente exerce o poder criador e a mente subconsciente exerce o poder concretizador.

******

Aí está o princípio básico da ciência do Poder da Mente.

Mas, seja franco, acredita você em Poder da Mente?

Esta verdade foi ensinada exaustivamente por Jesus, há dois mil anos, e reafirmada por todos os estudiosos da mente.

Basta citar esta revelação do Mestre: “Quanto ao poder, quem tem fé tudo pode”.

Fé é crer firmemente na realização da palavra. É acreditar que o pensamento produz a realidade do seu conteúdo. É a convicção de que qualquer oração é infalível quando admitida como tal.

Diz a ciência: “Ao pensamento segue-se a reação; à reação segue-se a ação; e à ação segue-se a materialização”.

Duas verdades são clarificadas até aqui: primeira, que existe um Poder Infinito no âmago da criatura humana; segunda, que esse poder é acionado pelo pensamento acreditado.

Conclusão: Todo pensamento acreditado positivo se realiza; todo pensamento acreditado negativo se realiza.

Vivemos e agimos sob a Lei de causa e efeito: toda causa mental (positiva ou negativa) produz necessariamente o efeito correspondente.

Qualquer oração é infalível
quando admitida como infalível, ou seja,
quando há fé.

22

PARA SUBIR NA VIDA PENSE GRANDE

O escritor e político Benjamin Disraeli, que morreu em 1881, aos 77 anos, escreveu, certa vez: "Nutra sua mente de pensamentos grandiosos, pois nunca atingirá nível mais alto do que o de seus pensamentos".

Esta sábia mensagem apresenta duas facetas importantes: primeira, que sua vida terá apenas e tão somente o tamanho dos seus pensamentos; segunda, que, assim sendo, você deve criar grandiosos pensamentos, para que sua vida seja grandiosa.

Existe aquele velho ditado que diz: "O sapateiro não vai além dos sapatos".

Se no seu dia a dia convive com pensamentos de dificuldade, de falta de dinheiro, de insatisfação, de crise econômica, de dívidas – sua vida não irá além disso. Atravessará os anos sempre correndo atrás da máquina, como se diz. A duras penas alcançará algum pecúlio ou patrimônio. Neste caso, pode até pensar que a vida é injusta, mas aí estão Disraeli e a ciência do Poder da Mente dizendo que você nunca atingirá nível mais alto do que o de seus pensamentos.

Há aqueles que creem que não existe amor, nem bondade, nem felicidade neste mundo; estes ver-se-ão a braços com a solidão, os fracassos no amor e a infelicidade. Cada qual colhe o que semeia.

Mas já existe um cortejo imenso de pessoas evoluídas que descobriram a verdade enunciada por Disraeli e avançaram na vida empunhando a bandeira de grandiosos ideais. Esses realizam feitos memoráveis, porque o ideal é sempre um pensamento que se antecipa ao fato e que o produz.

Se a sua escada tem apenas quatro degraus, como pode subir quinhentos degraus? Para alcançar esta altura, ponha quinhentos degraus na sua escada. Os degraus são seus pensamentos.

Não será você daqueles que, vendo o sucesso dos outros, exclamam despeitados: "O que é que eles têm que eu não tenho?" A resposta está aí diante de si.

******

Antes de tudo, medite nesta afirmação:
Sua vida, tanto psíquica, quanto espiritual ou material, atingirá apenas a dimensão dos seus pensamentos. Isto é muito lógico, porque o efeito não pode sobrepujar a causa. A toda causa mental segue-se o efeito correspondente.

******

Se sonha realizar o projeto de um chalé, como pode queixar-se de não ter um palacete?

Se entra numa loja e pede um par de chinelos, espera que lhe entreguem um par de sapatos de camurça?

Na verdade, você é o que forem seus pensamentos.

Você terá o que contiverem seus pensamentos.

Você colherá o conteúdo dos seus pensamentos.

A sua vida é a melhor comprovação dessa verdade.

Crie, portanto, a partir de hoje, grandiosos pensamentos. Alimente fortemente projetos maravilhosos. Fortaleça seus sonhos doirados. Afirme-os interiormente como irredutíveis verdades mentais – e verá que sua vida atingirá essas belas dimensões.

Comece por você. Abandone a velha crença de que você não é de nada e que depende do governo, do sindicato, ou da empresa. Suba mais, muito mais, enormemente mais. Lembre a infinitude do seu ser. Saia da vala comum e escale a montanha dos seus sonhos. Lá, depois de um ato de fé em si mesmo, declare que é pessoa maravilhosa, rica, feliz e abençoada.

23

SE VOCÊ É POSITIVO OS TEMPOS NÃO SERÃO BICUDOS

Começo lembrando uma afirmação de um dos maiores luzeiros do cristianismo antigo, o grande Santo Agostinho de Hipona. Escreveu ele: "Se vivemos vidas boas, os tempos também são bons. Assim como estivermos, assim estarão os tempos".

Agora você entende que os tempos são bicudos se você é bicudo. Os tempos mudam quando você mudar.

Se pensa que a situação está difícil, se acredita que os negócios estão estagnados, se acha que vivemos uma época de crise, se deixa de comprar porque não vende, se deixa de vender porque está convicto de que ninguém compra, decididamente você é um prisioneiro amarrado por si mesmo numa árvore morta.

******

Há uma verdade que é importante não esquecer: "Você nunca será mais do que o tamanho dos seus pensamentos e crenças."

******

Na sábia Grécia dos famosos filósofos, destacou-se o grande Aristóteles, homem que viveu de 384 a 322 antes de Cristo. Escreveu ele: “O que você espera que aconteça, acontece”.

Muita gente leva na brincadeira essas citações, como se fossem tiradas folclóricas do arco-da-velha. Basta, porém, você examinar a sua própria vida e terá a comprovação dessa verdade milenar.

Sua vida não é um milímetro mais alta ou mais baixa do que seus pensamentos e crenças.

A julgar pelo que escreveram Aristóteles, Disraeli, Santo Agostinho e tantos outros sábios, para você ser grande precisa pensar grande, para ter sucesso necessita acreditar no sucesso, para prosperar deve criar padrões mentais de prosperidade, para ser rico impõe-se que mergulhe a mente na riqueza.

******

Não alimente a ideia de que você está mal porque os tempos estão maus. É crença negativa e equivocada.

Mude e você mudará o mundo.

******

Medite sincera e profundamente sobre a verdade acima e decida inundar a mente de prosperidade, alegria, paz, felicidade, riqueza e amor.

Ao entrar na sua casa, na sua loja, no seu trabalho, na oficina, no seu negócio, não caia em depressão porque o faturamento e a renda baixaram, mas visualize tudo precisamente como quer que aconteça. Mentalize abundância, faça a oração da prosperidade, alegre-se, agradeça, e terá dado o passo mais essencial para que sua vida entre em ascensão.

No princípio de tudo está sempre o pensamento criador positivo.

24

ABRA A PORTA DA FELICIDADE

Já ouviu falar de Helen Keller, a famosa mulher que nasceu cega, surda e muda e, no entanto, tornou sua vida grandiosa e cheia de importantes realizações?

Escreveu ela: “Quando uma porta da felicidade se fecha, há outra que se abre; mas, às vezes ficamos tanto tempo olhando para a porta fechada que não vemos aquela que se abriu”.

Se você está hoje muito infeliz, com certeza fixou a mente na porta que se fechou e não tira o pensamento daí. Enquanto sua mente permanecer na escuridão, tudo será escuridão.

Ocorreu-me agora uma frase de Rabindranath Tagore, poeta, escritor e pensador indiano (1861-1941): “Se à noite choras pelo sol, as lágrimas te impedirão de ver as estrelas”. Neste caso, você comete duas impropriedades: primeira, chorar pelo sol à noite, o que é tempo perdido; segunda, não perceber que as lágrimas o estão impedindo de contemplar o fantástico espetáculo estelar.

Mas, voltando à mensagem de Helen Keller, nada melhor do que aceitar a óbvia verdade declarada por Miguel

Cervantes, o famoso autor de "Dom Quixote De La Mancha": "Quando uma porta se fecha, outra se abre."

Entre pela porta que se abriu.

Já não importa quanto tempo você ficou paralisado diante da porta que se fechou; o que interessa é que, neste momento, decidiu-se a entrar pela outra porta.

Por melhor que tenha sido o passado, jamais conseguirá competir com o momento presente. Pela simples razão de que o passado não existe e o presente está diante de você, com as portas escancaradas. Só não entra se não quer.

Despeça-se, desde já, das suas desgraças, e entre pela porta dos seus novos projetos de vida.

******

Em tempo:

Antes de tudo, promulgue a declaração dos seus dois maiores direitos: o Direito de Viver e o Direito de Ser Feliz.

******

Vivendo - você já está; ser feliz - começou aqui e agora.

Por pior que tenha sido sua vida, reconheça que, a

partir deste momento, merece ser feliz, porque é filho de Deus.

Como felicidade é estado mental, abra as portas do pensamento positivo, da alegria, do riso, da fé em si mesmo e no sucesso, da expectativa confiante de novos dias.

Ser feliz é bem mais simples do que você imagina: sinta-se feliz agora, andando na rua, no chuveiro, cortando bife, contemplando uma flor, penteando os cabelos, saudando alguém, metendo a pá na terra, ouvindo o professor, jogando futebol, enfim em qualquer situação.

A porta da felicidade é mental. Abra-a.

Crie o hábito de estar contente.

Se é daqueles que acordam com a cara amarrada, prometa-se levantar em alto-astral, assobiando, cantando, rindo e festejando o melhor dia da sua vida.

Ao fechar a porta desta mensagem, quero abrir outra, com uma frase do escritor e poeta Robert Louis Stevenson:

"Há tanta coisa neste mundo para nós,
Que deveríamos sentir-nos
como reis."

25

TRACE AQUI SEUS MAIORES DESEJOS

Sente-se. Relaxe. Feche os olhos. Respire várias vezes, concentrando-se no ar que respira.

Agora alinhe os três desejos maiores e mais grandiosos da sua vida. Podem ser os mesmos que mentalizou anteriormente.

Visualize aqueles três projetos que acalentou durante tanto tempo e que ainda permanecem acesos.

Sabe por que não aconteceram? Exatamente porque você não acreditou que podiam acontecer.

Qualquer crença inabalável torna-se realidade. Até mesmo o que aos outros parece impossível. Parece, mas não é. Muita coisa que hoje você tem, há dez anos parecia impossível.

Visualize seus três maiores e mais fortes desejos e imagine-os já existindo na realidade. Ponha detalhes.

Alegre-se. Agradeça.

Assim é e assim será.

Não aceite um xis vermelho sobre seus sonhos. Você pode. A palavra impossível existe apenas para aqueles que não conhecem as potencialidades da mente humana.

Houve uma época em que se acreditava que era impossível ao homem pisar na Lua. A partir do momento em que acreditou ser possível, e endereçou sua mente naquela direção, acabou conseguindo.

Num livro de 1959, David J. Schwarts escreveu: "Sem uma crença firme, inabalável, de que o homem podia viajar no espaço, nossos cientistas não teriam tido a coragem, o interesse e o entusiasmo para levarem avante seus projetos. A crença de que o câncer pode ser curado acabará por conseguir a sua cura. Atualmente fala-se em construir um túnel sob o Canal da Mancha para unir a Inglaterra ao continente. A construção deste túnel depende de se os responsáveis pela ideia acreditam ou não na possibilidade de sua realização." (A Mágica de Pensar Grande).

Fiz esta citação para mostrar-lhe que aquilo que era apenas uma crença no momento em que Schwartz escreveu o livro, hoje já é realidade: está pronto o moderníssimo túnel sob o Canal da Mancha. Passei por ele.

******

Importante:

Para que aconteçam seus objetivos é essencial acreditar que acontecerão.

******

Duvidar é negar; negar é cancelar.

Pois bem, quais são mesmo seus três maiores desejos? Relembre-os e mantenha fé firme na sua materialização. Todos os dias reforce-os e assim estará convocando as energias do Universo e do Infinito para a realização dos mesmos.

Richard Bach, em seu livro "Ponte Para o Sempre", escreveu: "Você nunca recebe um desejo sem também receber a capacidade de torná-lo realidade".

Mantenha seus três projetos sob a luz do coração, cheios de vida, e terão as melhores condições de materializar-se.

Desejar e acreditar são o segredo do sucesso.

26

O POSITIVO É OTIMISTA E SABE DAS COISAS

No outro dia, viajava eu de carro, ouvindo uma rádio, quando alguém disse: "O pessimista é um otimista bem-informado."

Fiquei refletindo sobre a afirmação e cheguei à conclusão de que o pessimista jamais será pessoa bem-informada, uma vez que só vê um lado da situação e, o que é pior, o lado obscuro.

Já o otimista conhece o lado obscuro e conhece também o lado positivo, assim como a solução. Este sim é bem-informado.

O pessimista está mergulhado na noite e pondera sobre ela, ao passo que o otimista sabe da noite e sabe do dia. Isto é ser bem-informado.

O pessimista se vê diante da montanha e sente-se barrado por ela; o otimista está deste lado da montanha, mas conhece também o outro lado e sabe o caminho para lá chegar. É mais bem-informado.

O pessimista, quando forceja, é apenas para se sustentar no mesmo lugar, ao passo que o otimista marcha em frente.

O pessimista conhece uma realidade e não sabe

transformá-la; o otimista conhece a realidade e sabe mudá-la.

******

Verdade:

O pessimista é pessimista porque não vê solução nenhuma; o otimista é otimista porque já está com a solução.

******

O pessimista comete dois pecados: primeiro, vê o lado péssimo da situação; segundo, não vê possibilidade de melhorar.

O otimista vê o lado péssimo e o lado ótimo da situação e se dirige para este.

O pessimista, se chegar ao céu e encontrar a porta aberta, não entrará porque raciocinará assim: "Se a porta está aberta é porque não tem ninguém; se não tem ninguém é porque é ruim; logo, não devo entrar".

Sempre existe o caminho.
Ser otimista é essencial.

Oscar Wilde, (1854-1900), escritor irlandês, que viveu muito tempo em Londres, disse, certa vez: "Pessimista é um homem que, tendo de escolher entre dois males, escolhe os dois".

O otimista, se chegar no céu e encontrar a porta aberta, exclamará feliz da vida: "Oba! Vamos aproveitar, que hoje a entrada é grátis". Não pensa duas vezes e se manda para dentro.

O verdadeiro otimista é sempre bem-informado.

Se uma pessoa não é bem-informada sobre as suas potencialidades e seu poder de remover montanhas e de tudo alcançar, não poderá ser otimista. Quando muito, será um pessimista adocicado.

Só há uma maneira de alguém ser otimista em qualquer momento da vida: quando sabe da existência do seu poder interior e o usa na direção dos seus objetivos.

28

O POSITIVO NÃO É CONTRA NINGUÉM MAS A FAVOR DE SI MESMO

Fala-se muito em competição.

Para grande parte das pessoas, competir significa lutar contra alguém, contra alguma coisa, algum time, alguma empresa, algum produto, algum partido, alguma ideologia, alguma religião, assim por diante.

Se você, no entanto, luta contra o que quer que seja, está prejudicando sua saúde, pelo excesso de adrenalina e pelo estresse, com suas desastrosas consequências. A luta abala o sistema imunológico e abre caminho para uma série de enfermidades.

Acima disso, a luta gera intrínseco processo de desamor.

A luta, ainda, frequentemente é alimentada pela fogueira da raiva, do ódio e da agressividade.

A luta, continuando o raciocínio, é desagregadora, portanto desumana.

Sem falar que o Cristo pregou o amor e a fraternidade, sentimentos que, a meu ver, são incompatíveis com luta e competição.

É possível que, neste momento, você me chame de utópico, uma vez que, no seu entender, a vida e o mundo avançam na base da competição e da luta.

Competição é palavra muito usada em seminários de marketing. É palavra-chave para desempenho empresarial é concorrência e guerra de mercado.

Qual é o resultado? – Conflitos, mágoas, desentendimentos e agressões contra a parte oposta.

Nas suas últimas consequências, chega a gerar fanatismo.

A luta de um partido contra outro é fruto da competição.

As polêmicas, e até conflitos, de uma religião contra outra são efeitos da competição.

Os ataques de um candidato contra outro são resultantes do espírito de competição.

Não é difícil perceber que, ao fim e ao cabo, competição e luta são fenômenos negativos, prejudiciais, antifraternais e lesivos à saúde.

Sem luta e competição
é possível vencer?

Vejo você se colocar a seguinte questão: "Se eu não competir e lutar, não terei chances. Ver-me-ei obrigado a fechar as portas, pendurar as chuteiras, e entregar os pontos. Como se pode ganhar uma partida de futebol sem lutar contra o adversário?!"

Resposta: Você não vai lutar contra o concorrente ou outro time de futebol, mas buscar a melhor autorrealização. Trata-se de inverter a visão da questão. Imaginemos que você tem uma loja: não vai lutar contra a concorrente, mas trabalhar a favor da sua empresa, oferecendo os melhores produtos, o melhor serviço, os melhores preços, o melhor espaço, os melhores funcionários. Buscar o melhor de si mesmo é concentrar-se no próprio sucesso. Se o seu caso é futebol, esqueça o adversário: procure ser o melhor time, com os melhores jogadores, com a melhor performance, com o melhor desempenho para alcançar a meta de sua equipe: a vitória.

O candidato a Prefeito não vai combater o outro candidato, mas vai apresentar a sua meta, a sua visão de governo, os seus projetos, as suas soluções para os problemas do município, a sua capacidade administrativa.

A sua religião não vai combater a religião e o Deus do outro, mas vai mostrar a sua fé; a sua visão de Deus; a sua maneira de amar a Deus, o próximo e o universo; os seus princípios; os seus dogmas e verdades.

Com esses exemplos, você percebe que vai realizar seus objetivos na vida, alcançar sucesso, progredir, chegar às alturas, ao prestígio, ao poder e à fama, pelo caminho certo, positivo, respeitoso, alegre, saudável, com as melhores condições de manter convivência social pacífica, agradável, humana e solidária.

Além disso, cria espaços para o amor, mesmo entre pessoas, grupos ou entidades que buscam rumos diferentes.

Assim como você tem a sua verdade, aceite que os outros possam ter a verdade deles.

Se quer que ouçam a sua opinião, ouça a opinião dos outros.

Ao invés de apedrejar os ideais dos outros, erga a bandeira dos seus ideais, da sua filosofia, da sua teologia.

Seja a favor de si mesmo e busque aprimorar cada vez mais o seu território, a sua vida, o seu mundo.

Jesus já dizia: "Não faça ao outro o que não quer que o outro faça a você". Esta é a Lei da convivência. Bela sabedoria.

Se você tem um produto ou serviço a oferecer, faça tudo para que seja benéfico, importante, necessário, do agrado e interesse do consumidor. E não se preocupe em derrubar da prateleira os demais produtos que lá estão. Faça o seu melhor.

Entre nesta visão positiva da vida e você se sentirá leve, saudável, gentil, generoso, amoroso e vitorioso. E cristão. Além do mais, dormirá contente, sem estresse, e acordará feliz para mais uma bela jornada de autorrealização.

29

COMO SÃO AS SUAS CRENÇAS?

A sua vida – como a de qualquer pessoa – é feita de crenças. Não me refiro apenas ao aspecto religioso, mas a tudo aquilo em que você acredita.

Assim como você crê, assim é sua vida.

Crença é a adesão da sua mente consciente e subconsciente a determinado padrão de vida.

Qual é, por exemplo, sua crença sobre o mundo? Ele é bom ou mau?

Se acredita que o mundo é bom, para você o mundo é bom.

Se entende que o mundo é mau, para você o mundo é mau.

E a sua crença sobre si mesmo? Julga-se uma pessoa inteligente, alegre, saudável, positiva, bem-sucedida? Ou se considera um sujeito azarado, sem valor, inferior aos demais?

Pensa que ser rico é ter sorte e ser pobre é azar, destino ou virtude cristã?

Quando acorda, de manhã, que ideia faz do dia que começa? Vê-o como uma pasta acinzentada ou como o nascer do dia mais lindo, agradável e próspero da sua vida?

Emmet Fox, autor de diversos livros sobre o Poder da Mente, escreveu: “Qualquer coisa que você tenha experimentado na vida é, na verdade, apenas o retrato exterior dos seus próprios pensamentos e crenças”.

- Seja feito conforme você crê – já dizia o Mestre, há dois mil anos.

Se você crê que essa vida é feita de sofrimentos e sacrifícios – assim é e assim será para si.

Por certo, você conhece alguém que há cinco anos está deprimido pela morte da mãe, do pai, do marido, da esposa, de um filho, quando outra pessoa, na mesma situação, continua a vida em alto-astral, feliz e melhor do que nunca.

O que faz a diferença?
A crença de cada um.

Ninguém fica rico se não acredita que será rico.

Jamais será alegre e feliz aquele que crê que a vida é um vale de lágrimas.

E que dizer daqueles que apregoam que a vida é um barco à deriva? Ver-se-ão a braços com imprevistos de toda sorte.

Como você percebe, não há nada de complicado na vida.

Comece desde hoje a criar padrões mentais positivos,

acreditando-se filho de Deus, forte, saudável, inteligente, bem-sucedido e feliz.

Veja-se inundado de amor e acredite que seus caminhos são iluminados divinamente.

Crie desejos grandiosos e tenha fé na realização de todos eles.

Será feito conforme a sua crença.

Sua vida caminha nos trilhos das suas crenças.

Arranque as crenças negativas e prejudiciais e forme crenças benéficas, prósperas, felizes.

Assim é assim será.

30

DETALHES QUE FAZEM VOCÊ MAIS POSITIVO

Conta uma lenda judaica que, quando Deus criou o mundo, perguntou aos anjos o que achavam da sua obra. Os anjos responderam:

- Falta-lhe uma única coisa: o canto de louvor ao Criador.

Deus, então, criou a música, o gorjeio dos pássaros, o sussurro do vento, o murmúrio do oceano, e colocou a melodia no coração do ser humano.

Ao ler esta lenda, lembrei uma frase de Fernando Pessoa: "Às vezes ouço passar o vento e só de ouvir o vento passar, vale a pena ter nascido".

A vida se torna monótona porque você não repara na beleza e no encantamento dos detalhes. Queixa-se de não poder ouvir pessoalmente Andrea Bocelli ou a Orquestra Sinfônica de Berlim e não percebe aí na sua frente um canário executando um concerto emocionante.

Procure olhar ao seu redor: veja aquela criança sorrindo, aquele pingo de chuva correndo desabaladamente pela sarjeta, aquele raio de sol desenhando um lindo ponto de luz no seu tapete, aquela flor do jardim, deslumbrada da vida, oferecendo ao mundo o seu perfume...

Feche os olhos por alguns minutos, em sua casa, e tente caminhar, pegar as coisas; depois, abra os olhos e agradeça o milagre da visão.

A beleza da vida está mais nos detalhes que ocorrem a cada instante do que em caríssimas programações.

Aguce os olhos, o tato, o olfato, o paladar, os ouvidos, e seu astral subirá, porque o mundo mostrar-se-á esplendorosamente fascinante.

Se as pequenas coisas, os detalhes, não fossem importantes no mundo, Deus não teria criado minúsculas flores, insetos, borboletas, peixinhos, aves, besouros, plantas rasteiras, areia e essa imensidão de invisíveis viventes e matérias que fazem a sinfonia do universo.

Relembre o que escreveu o poeta Fernando Pessoa: "Às vezes ouço passar o vento; e só de ouvir o vento passar, vale a pena ter vivido".

Desde o momento em que você contemplar as maravilhas da criação, atentando para os pequeninos detalhes, com certeza respeitará e reverenciará a vida do planeta, em todas as suas formas, evitando, consequentemente, a depredação, a poluição e a hecatombe ecológica.

Sinta-se uno com o universo e estará sintonizado com as vibrações de amor que farão a sua comunhão feliz com todos os seres existentes.

Nos pequenos detalhes você pode encontrar grandes motivos de alegria.

31

A HISTÓRIA DO ANÃO ENSINA A PENSAR POSITIVAMENTE

O anão foi ao Rio de Janeiro assistir ao carnaval e na volta lhe perguntaram:

- E aí, que tal o carnaval carioca?

O anão, no maior entusiasmo:

- Incrível, uma beleza, tinha cada joelho!

Cada um vê a vida de acordo com o tamanho da mente.

Existem muitos anões mentais que dizem que a vida é apenas razoável.

Esses não conseguem enxergar além do joelho.

Tem aquela definição humorística que diz que o anão é um gigante interrompido.

Aplicando à vida, muita gente crê que o ser humano é um sucesso interrompido; é a felicidade a meio pau; um projeto cancelado a meio caminho.

Olhe ao seu redor e conte as pessoas bem-sucedidas. São inúmeras e nenhuma é mais do que você. A diferença está em que elas olharam mais alto a vida e você pode ter ficado no joelho.

Mas, se não consegue ver além dos joelhos, consolese que há gente que vê menos ainda. E há gente que vê pior ainda, como o famoso escritor Oscar Wilde (1854-1900), que filosofou: "Existem apenas duas tragédias: uma é não conseguir o que se quer; a outra é conseguir". Será que ele disse mesmo?

Pior do que Wilde, só mesmo aquele sujeito que exclamou: "Estou só e mal acompanhado".

Por essas e outras, você percebe que cada um diz e faz de acordo com a sua cabeça.

A diferença vai por conta das crenças, das ideologias, dos pensamentos e da maneira de ver as coisas.

Nunca é demais repetir que, para ver além dos joelhos, é preciso olhar mais alto.

Boa parte da humanidade ainda não levantou os olhos até a dimensão mais grandiosa da criatura humana; outra parte não chegou ao joelho; e outra parcela razoável nem sequer abriu os olhos.

Há os que jazem na sombra de si mesmos e os que já avançam na madrugada da autodescoberta.

******

Anote:

Seja qual for a sua situação, alegre-se, porque você é muito mais do que se imagina.

******

Comece agora mesmo a conquista do seu mundo interior e grandes acontecimentos marcarão sua caminhada daqui por diante.

Não se preocupe com os que só aceitam a vida até o joelho. Seja arrojado. Busque mais e achará mais.

Comece aqui uma nova vida, com fé e entusiasmo, desfraldando a bandeira de grandes metas.

Levante seus pensamentos e a vida estará a seu favor.

Você é muito mais do que se imagina.

32

O DIA DE HOJE É TODO SEU. FAÇA-O POSITIVO

O filósofo e poeta Ralph Waldo Emerson, (1803-1883), escreveu: "Finalize cada dia e parta para outra. Fez o que pôde; algumas tolices e absurdos foram cometidos pelo caminho – esqueça-os assim que puder. Amanhã é um novo dia; inicia-o com serenidade e com uma disposição demasiado boa para se deixar embaraçar com suas tolices antigas".

Ontem foi um capítulo encerrado. Não esqueça de colocar o ponto final. Não seja como aqueles que vão escrevendo a vida sem ponto, sem vírgula, sem nova linha, tudo num emaranhado sem pé nem cabeça.

A ontem o que é de ontem.

A hoje o que lhe pertence.

Assim o seu dia será leve, límpido, agradável, azulado.

Muita gente tem o cacoete de passar gaguejando o ontem; e o pior é que gaguejam só as coisas ruins.

Quando é que isso acontece? Quando você pisa e repisa algum fato desagradável do dia anterior.

Deixe para ontem o que é de ontem.

Hoje é um novo dia. Novo dia significa nova vida, nova expectativa, novas ideias, novos projetos mentais, novas alegrias.

Mesmo que você esteja mais quebrado que os dez mandamentos, hoje é outro dia.

Se ontem você estava deprimido, hoje não esteja mais. Faça como aquele sujeito que dizia: "Ontem a depressão estava em mim, mas hoje eu não estou nela."

Se ontem você dizia que era velho, hoje diga que é jovem há muito tempo.

******

Medite:

A cada dia Deus lhe dá o tempo e o espaço em branco: se você vive reescrevendo sempre as mesmas coisas do passado, o problema é seu e não de Deus e nem da vida.

******

A vida faz por você o que ela pode; o resto é com você. A terra é sua, mas a terra não planta o que você quer colher.

Não seja daqueles que vivem sempre do lado de fora: se chove, sentem-se chuvosos; se está nublado, sentem-se nublados; se o governo fala em recessão, apertam o cinto; se falam em inferno, sentem-se no fogo; se dizem que a vida é uma droga, vão procurá-la na farmácia. Seja autônomo, independente, dono de si, criador dos seus próprios caminhos positivos.

Faça até mesmo as pequenas coisas em grande estilo: dê um toque incomum à rotina do seu dia a dia; ponha hoje um “tcham” especial em tudo que fizer, porque, afinal, você é proprietário deste dia. O ontem não lhe pertence mais, mas o hoje é seu, todo seu.

Seja criativo: se ontem lhe fecharam as portas, entre no hoje pela janela. Não vá me dizer que não tem energia para saltar oitenta centímetros.

Nos contratos que você assina, as letras grandes dão e as letras pequenas tiram. Da mesma forma, os pensamentos positivos dão; os pensamentos negativos tiram.

Hoje só ponha textos positivos na sua vida.

31

MAS TAMBÉM PENSE POSITIVAMENTE EM SI

Você diz que ama o próximo – mas também gosta de si?

Você faz tanto pelos outros – mas faz algo por si?

Você tem pena dos sofredores – mas procura acabar com seus próprios sofrimentos?

Você leva alegria aos tristes – mas deu cabo da sua depressão?

Você não hesita em sacrificar-se pelos necessitados – mas atende às próprias necessidades?

Você costuma felicitar os outros pelo sucesso – mas felicita-se a si mesmo pelo próprio sucesso?

Você tem o belo hábito de ouvir os outros – mas também ouve a sua voz interior?

Você canta para fazer os outros felizes – mas já entoou a canção da própria felicidade?

Você faz discursos a favor dos pobres – mas já tratou de melhorar sua própria condição?

Você elogia os outros – mas lembrou-se de se elogiar alguma vez?

Você admira a genialidade dos outros – mas reconheceu algum dia a própria genialidade?

Você ama a Deus nos cultos religiosos, nas igrejas, em cada ser humano – mas já o ama no âmago do seu ser?

Você tem ajudado pessoas a recuperarem a saúde – mas ajuda-se a recuperar a própria saúde?

Você é solidário com os sem-terra – mas é solidário consigo quando é terra-arrasada?

Você acredita nos outros – mas também acredita em si mesmo?

Você reconhece as qualidades dos outros (às vezes até inveja) – mas reconhece, por acaso, suas próprias qualidades?

Você joga, brinca, se diverte com os outros – mas é capaz de se divertir consigo mesmo?

Você se empolga com a grandeza do macrocosmo – mas será que exalta a grandeza do seu microcosmo?

Você não se nega a dar alimento ao mendigo – mas dá alimento mental positivo a si mesmo?

Você vai ao templo fazer a sua oração – mas tem orado no seu templo interior?

Você acende uma vela ao seu santo preferido – mas já acendeu a luz do seu coração?

Você acredita na verdade dos outros – mas também acredita que a verdade está dentro de si?

Você afirma que a felicidade existe – mas tem certeza

de que a felicidade está dentro de si?

Você ilumina o caminho dos outros – mas está iluminando o seu próprio caminho?

Você vê a estrela dos outros brilhando – mas conseguiu ver a sua própria estrela brilhar?

Você pinta a vida com cores alegres – mas também pinta a sua vida com as mesmas cores?

Você ensina aos outros o caminho do bem – mas já ensinou a si este mesmo caminho?

Você dá bom-dia aos outros – mas já deu bom-dia a si mesmo?

Você se deslumbra com a beleza dos outros – mas também se deslumbra com a própria beleza?

Você diz para os outros serem positivos – mas já disse isso a si mesmo?

Você quer o melhor para os outros – mas o quer também para si?

Lembre-se: qualquer hora é hora de começar a pensar em si.

Mas também não deixe para depois o que pode fazer agora.

32

FELICIDADE É O MAIS POSITIVO DOS PENSAMENTOS

Filósofos, teólogos, psicólogos, sociólogos, espiritualistas, na maioria das vezes colocam a felicidade do lado de fora do ser humano. Como o mundo exterior (o lado de fora) nem sempre é controlável, chegam à conclusão de que não existe felicidade, já que há certas situações que independem da gente.

O equívoco está em situar a felicidade fora da própria pessoa.

Você é a sua mente, portanto você está bem ou mal, pior ou melhor, alegre ou triste, feliz ou infeliz, de acordo com seu estado mental.

O mundo exterior, seja ele seu marido ou esposa, a riqueza ou a miséria, a fama ou a execração, o sucesso ou o fracasso, torna-o feliz ou infeliz a partir da maneira como você o projeta mentalmente.

Conheci uma pessoa muito pobre, até mesmo miserável, sem nada, mendicante, que era muito feliz: São Francisco de Assis. Sei de histórias de pessoas felizes em meio às injustiças, às doenças, à morte de um ente querido.

Não se trata de ser insensível ao que ocorre ao redor. Trata-se de viver em paz de espírito.

******

Medite:

Felicidade é: "Sentir-se bem consigo mesmo, com a humanidade, com o universo e com Deus".

******

Note bem o verbo empregado: sentir-se. Sentir é processo interior. Estado mental. Verbo reflexivo. Tem a ver com a própria pessoa.

Como só você tem acesso à sua mente, só você pode fazer-se feliz ou infeliz.

Observe como as pessoas reagem de forma diversa diante do mesmo acontecimento. Tudo na vida humana depende da mente de cada um. E você tem controle absoluto sobre sua mente.

Existem os que dizem que não pode haver felicidade nos miseráveis. Ledo engano. Vá a uma favela e encontrará gente de pés descalços, roupas rotas, muito felizes da vida; e encontrará nos meios ricos da cidade muita gente infeliz.

O grande Mestre confirmou, certa vez, esta verdade,

quando disse: "O reino dos céus está dentro de vós mesmos".

Aconteça o que acontecer, cultive o hábito saudável e positivo de ser feliz.

É tão fácil ser feliz quanto infeliz, porque é o mesmo processo mental.

Escolha o melhor: Seja feliz.

33

PENSAMENTOS POSITIVOS

Para sua ilustração, deixo-lhe algumas afirmações feitas por bons pensadores:

"Ajuda o teu semelhante a levantar a carga, não a levá-la".

Pitágoras.

******

"Mágoas e tristezas sobre o passado devem ser banidas completamente. Todo aquele que se demora sob as experiências tristes do passado, torna-se fossilizado e envelhece cedo. Para frente e para cima, é a lei do verdadeiro bem".

Annie Rix Militz

******

"Evite desafiar os outros para discussões inúteis".

"Tire os óculos enfumaçados através dos quais vê o que lhe parece serem as tristezas da vida e em seu lugar veja somente a luz do sol da amizade".

Napoleon Hill

******

"Devo aproveitar este momento, pois nunca voltarei a passar por este caminho".

Sabedoria Oriental

******

"Amanhã – quantas possibilidades encerra esta palavra! Por mais desalentador que seja o dia de hoje, por mais carregado de nuvens negras, de terrores de doenças e de morte, há sempre o amanhã, com a promessa de coisas melhores".

Helen Keller

******

"Quando você sorri, está sendo gentil consigo mesmo e está oferecendo aos outros a melhor parcela de si".

Lauro Trevisan

******

"Oitenta por cento da humanidade não sabe o que quer. Se perguntarmos aos outros quinze por cento o que querem, dirão alguma coisa vaga, sem a menor definição. E, finalmente, somente cinco por cento sabe o que quer, como quer e porque o quer".

Henry Ford

******

"Impossibilidade nada mais é que obsessão negativa. Qualquer impossível pode ser vencido pela soma de inteligência, ousadia, persistência e fé".

Lauro Trevisan

******

"Pequeno é aquele que odeia os grandes; grande é aquele que ama os pequenos".

Santa Terezinha de Jesus

******

"Somente percorrendo o seu próprio caminho você se realiza e acrescenta algo de especial ao mundo".

Lauro Trevisan

******

"A felicidade do homem depende de si mesmo".

Marco Aurélio

******

"Quando somos felizes somos sempre bons, mas quando somos bons nem sempre somos felizes".

Oscar Wilde

******

"O que temos dentro de nós é o essencial para a felicidade humana".

Arthur Schopenhauer

******

"Quem não encontra a felicidade em si mesmo, é inútil procurá-la em outra parte".

La Rochefoucauld

******

"Não devemos permitir que alguém saia da nossa presença sem se sentir melhor e mais feliz".

Madre Teresa de Calcutá

******

"O homem será feliz se souber encontrar o céu dentro de si".

Confúcio

******

"Felicidade é sentir-se bem consigo mesmo, com a humanidade, com o universo e com Deus.

Lauro Trevisan

******

"O amor resume todas as doutrinas por ser o

sentimento por excelência".

Alan Kardec

******

"Não são os anos que nos envelhecem, mas sim a ideia de ficarmos velhos. Há homens que são jovens aos oitenta anos e outros que são velhos aos quarenta".

Emile Coué

******

"Um cuidadoso exame de todas as nossas experiências passadas, pode nos revelar o fato surpreendente de que tudo o que nos aconteceu foi para o nosso bem".

Henry Ford

******

"Todos somos feitos para o sucesso. Não há privilegiados".

Lauro Trevisan

******

"Não há derrota senão a que vem de nós mesmos. Não há barreira intransponível senão a nossa própria fraqueza de propósito".

Emerson

******

34

A MENTE POSITIVA CURA

No outro dia, iniciei uma palestra com esta pergunta. Será que, racionalmente falando, é possível a mente curar doenças físicas? Existe a cura pela mente? Pela oração? Pela palavra?

Para começo de conversa, é inegável que existe a cura pela mente, porque os fatos estão aí. E contra fatos não valem argumentos, foi o que aprendi nos meus tempos de seminário.

Mas há explicação plausível para este fenômeno?

Eu sempre soube que uma energia mais forte age sobre a menos forte. Uma força maior domina a força menor.

O corpo é energia. Aliás, tudo no universo é energia. O que faz a diferença são as formas de energia.

A mente é energia superior. A energia mental é força criadora, sublimada, vitalizante. Atua, portanto, sobre o corpo de forma dominante. É por isso que se diz que a mente age e o corpo reage de acordo. Daí a afirmação da sabedoria latina: "Mens sana in córpore sano", quer dizer, uma mente sadia produz um corpo sadio.

É relativamente fácil comprovar que a mente age sobre o corpo.

Escreveu Walter Germain: "A mente controla toda a matéria do seu corpo e você, tendo controle sobre a mente, tem, consequentemente, controle sobre o corpo. As resultantes disto são óbvias."

A energia mental, por ser superior, prevalece sobre a energia física, principalmente se essa estiver combalida, desarmonizada, como ocorre em situações de doença.

******

Nota:

Não basta você ter energia mental. É preciso acioná-la. Um trator parado, nada faz. Nem mesmo uma usina de um milhão de agapês, se desligada, tem serventia.

******

É mister acionar a energia mental e espiritual. A palavra é o exercício do poder criador e curador. Para usar a parábola da Bíblia, quando Deus disse: "Faça-se a luz", a luz foi feita. A palavra desencadeou a energia do seu conteúdo.

A palavra é a energia mais alta: invade, rompe, impregna, modifica, harmoniza. É, em outros termos, a substância irresistível, que invade espaços menos resistentes, produzindo a forma correspondente.

A oração é a palavra interior dotada de energia mental e espiritual. É, por assim dizer, a energia mental ligada na tomada do divino existente no humano.

Por aí, até se pode compreender, de certa forma, a afirmação do Mestre: "Quanto ao poder, quem tem fé tudo pode". Tudo pode para si mesmo, bem entendido, já que, em relação ao outro, depende da receptividade dele. O poder de uma pessoa sobre outra termina onde começa o poder dessa sobre si mesma. É por isso que ninguém tem poder sobre você, a não ser que você permita; e você não tem poder sobre os outros, a não ser que lhe permitam.

Quanto a si, lembre-se que a fé remove montanha e cura enfermidades. E fé – no dizer de Jesus – é crer firmemente na realização da palavra.

A sua palavra de fé é sua energia curadora mais alta.

35

VIVER POSITIVAMENTE: MATÉRIA DE URGÊNCIA URGENTÍSSIMA

Apalpe-se agora mesmo e exclame: "Estou vivo! Que milagre formidável!"

Não perca tempo chorando as mágoas. São minutos preciosos que não vale a pena desperdiçar.

E essa depressão que embolora sua alma e desbota seu corpo, que coisa mais insensata! Você está jogando pelo ralo meses (e até anos) preciosos da sua vida, que não voltam mais.

Vamos lá: levante o astral e ilumine-se de amor e felicidade.

Já imaginou quanta vida bonita está perdendo com esse desânimo, baixo-astral e depressão idiota? Não estou chamando você de idiota, mas a sua depressão. Esta você a deve jogar nos quintos do inferno, aliás o único lugar que lhe é devido.

Por outro lado, talvez você esteja brigado com seu pai, com sua mãe, ou com seus irmãos; quem sabe lá, está em crise com sua esposa ou com seu marido: não se falam, não se veem, não se cumprimentam; pior ainda, se hostilizam. Que maneira mais inglória de perder tempo e vida! Seja grande, seja inteligente, seja generoso: reconcilie-se consigo e com os outros e comece uma nova vida mais gostosa, mais sorridente, mais descontraída.

Claro que não estou pedindo para você cumprir um ritual solene de reconciliação. Isso é irrelevante. O que importa é você mudar de atitude em relação ao desafeto: cumprimente-o; sorria; converse alegremente e sem constrangimento; elogie, fale bem dele; participe de festas, aniversários e comemorações em que seu ex-desafeto estiver presente; enfim, veja as qualidades dessa pessoa e reverencie o Deus que habita o íntimo dela.

É bom lembrar que o passado não existe.

Tanto você, quanto qualquer outra pessoa, é o que é agora. E o agora, em si, nada tem a ver com o passado. Viva o hoje e estará vivendo a realidade única da vida.

36

ANTES DE CORRER SAIBA PARA ONDE

O Manuel tomava despreocupadamente uma cervejinha no bar do seu Joaquim, quando chegou um senhor muito excitado:

- Manuel, finalmente te encontrei. Trago-te três ótimas notícias: Vai à Caixa Econômica Federal, que ganhaste sozinho na loteria; corre para tua casa, que tua mulher ganhou nenê; e teu pai quer ver-te imediatamente para passar a casa em teu nome.

O Manuel não pensou mais nada: saiu como um raio, feliz da vida.

Era a vez de tirar o pé do barro.

Corria, melhor dito, voava de felicidade, não enxergando pedras, nem cercas, nem nada.

De repente, quando conseguiu um lampejo de lucidez, estancou que nem mula empacada, e refletiu:

- Espera aí, Manuel. Raios! Eu não joguei na loto, não sou casado, e meu pai já morreu há muito tempo sem casa nenhuma.

Ainda que mal comparando, muita gente faz o papel

do Manuel: não tem nada, não deseja nada, não cria nada, não mentaliza nada, nada pede a Deus, e fica correndo por aí feito mosca tonta.

Se você não sabe para onde vai, não chegará lá. É o óbvio ululante, para usar a velha expressão.

Napoleon Hill, no seu livro "Pense e Enriqueça", escreveu: "O ponto de partida do caminho que leva à riqueza é o desejo."

Vou citar ainda Orison Sweet Marden: "A prosperidade cria-se primeiro mentalmente". (Os Milagres do Pensamento).

Pois é, meu amável, adorado e idolatrado leitor, ou leitora, não fique dando uma de Manuel. Nem fique correndo sem rumo nem prumo. Use, antes de tudo, a massa encefálica que Deus lhe deu e ponha a funcionar essa mente fantástica que você tem. Determine, desde já, os três principais objetivos da sua vida. Assim você chegará lá. Com certeza.

37

SEJA POSITIVO: INVISTA EM VOCÊ

Se o telhado da casa está quebrado, você manda consertá-lo; se a geladeira não funciona, você procura técnico; se o carro pifou, você manda para a oficina. É elogiável o cuidado que você tem com as suas coisas. Afinal, custaram dinheiro e são úteis.

Mas, será que você tem o mesmo cuidado com o melhor de todos os seus bens, que é você mesmo? Claro que você não é utensílio nenhum, mas muitas vezes trata-se como objeto dispensável e sem valor.

Está reservando tempo para descansar, para refazer as energias, para recuperar-se do estresse?

Não tem tempo? Olha que quem não tem tempo aqui na terra chega mais cedo no céu.

Faça o seu programa de relaxamento, libere as tensões, dê-se os pequenos prazeres da vida, seja um glorioso aventureiro de si mesmo, acampe, encare uma pescaria, vá ao seu balneário preferido com chimarrão a bordo, alugue algumas piadas para rir à vontade.

Desfrute a vida agora. E sempre. Seus nervos

agradecerão penhorados, os familiares festejarão seu bom humor e a vida recompensará você.

Se é daqueles que não comem ovo para não jogar fora a casca, demita o seu pão-durismo e reconheça que o melhor investimento que pode fazer é sobre si mesmo.

Escreva, no diário do seu coração, que a vida é uma festa.

Lembro agora a piada em que distribuíram bananas para os loucos do hospício e um deles estava comendo a fruta com casca e tudo.

- Por que não tiras a casca? – diz-lhe um colega.

- Não precisa – respondeu o louco – eu sei o que tem dentro.

Talvez não saiba que, no seu interior, há um poder infinito através do qual você realiza seus projetos.

Descubra esta maravilhosa verdade e faça a vida dos seus sonhos.

Use o Poder que Deus lhe deu, não só para progredir nos negócios, mas também para cultivar a saúde, a alegria de viver, a paz de espírito, o alto-astral.

Quando lhe perguntam se está tudo azul com bolinhas da mesma cor, não pense só no lado econômico.

Também não se faça de desavisado quando se trata de sua saúde. Muitos agem como aquele indivíduo que foi consultar o médico. Depois de acurado exame, o médico avisou-o gravemente:

- O seu pulso está muito lento.

E o homem:

- Não faz mal, doutor, eu não tenho pressa.

Certa vez, eu dizia a um amigo que devia pensar também em si, porque, afinal, o equipamento mais importante de todo o seu patrimônio era ele mesmo.

Meu amigo brincou, contando que leu na traseira de um caminhão este letreiro: "Pensar enlouquece. Pense nisso".

Na verdade, não há sucesso sem pensamento positivo, mas nunca esqueça que, sem saúde física, mental e emocional, o sucesso perde a razão de ser. É como aquela velha frase: "Ganhou, mas não levou".

O sucesso requer investimento.

Invista, antes de tudo, em você. Principalmente em você.

Você é a maravilha das maravilhas. Trate-se assim.

38

RIQUEZA É PENSAMENTO POSITIVO

Existem pessoas tentando ganhar dinheiro através da exploração do próximo. Por exemplo, cobram antecipadamente a mercadoria e depois não a entregam; ou entregam produto inferior ao combinado. Há aqueles que dão um preço e, por processos maliciosos, querem cobrar mais caro. E aqueles que vendem o produto e não o entregam? Você, por certo, conhece gente que adquire um objeto e o paga com cheque frio; ou preenche cheque errado para, nesse vaivém, ganhar tempo e dinheiro; promete equipamento de primeira e entrega de segunda. Como são comuns os pseudos bons vendedores que mentem sobre as qualidades do objeto da venda!

Digo, repito, asseguro e garanto que, por esses caminhos, ninguém enriquece jamais. Não que não seja espertalhão o suficiente, mas porque existem Leis superiores às quais é simplesmente impossível ludibriar. Releia os capítulos sobre as Leis universais.

Todo o dinheiro mal-havido evapora-se.

Note que não estou fazendo sermão moralístico, (o

que também seria oportuno), mas falando de uma verdade da qual nem os ignorantes e nem os espertalhões conseguirão escapar.

Tão certo como dois e dois são quatro, quem rouba perderá multiplicadamente o roubado.

Examine as práticas criminosas de extorsão de dinheiro ou usurpação de heranças e verá que, matematicamente, o fruto da rapina some. E há milhões de maneiras pelas quais é retirado da pessoa o fruto mal-havido.

******

Lembre:
Tanto riqueza quanto pobreza são estados mentais.

******

A Lei da riqueza é uma lei mental positiva, nunca negativa.

Recorde a velha sabedoria:

* Somente a árvore boa produzirá frutos bons.

*Quem com ferro fere, com ferro será ferido.

* De quem rouba será roubado – de quem tira, será tirado.

*O fogo que jogas no outro queimará a ti mesmo.

* O feitiço se vira contra o feiticeiro.

Agora veja o lado positivo dessa Lei:

*Todo o bem que se pensa, fala, deseja ou faz a alguém, acontece em primeiro lugar na própria pessoa e retorna multiplicado.

*Toda árvore boa produz bons frutos.

39

FINQUE RAÍZES POSITIVAS E FORTES

Um homem que se crê pequeno, é como uma árvore com raízes pequenas: jamais será grande. Raízes de repolho nunca sustentarão eucalipto.

Homem de pensamentos medíocres não ultrapassará os limites da mediocridade.

Pensa pequeno aquele que se considera sem condições de subir na vida.

Pensa pequeno aquele que pretende derrubar os que estão na frente, porque se imagina inferior.

Pensa pequeno o que rouba, assalta, engana, extorque, pois se julga incapaz de alcançar os objetivos através de suas próprias qualidades.

Pensa pequeno o que calunia, mente, desfaz os bem-sucedidos, porque, estando embaixo, compraz-se em rebaixar também os outros.

Pensa pequeno o invejoso, porque não acredita em si.

A solução é pensar grande, porque estará criando raízes vigorosas, que levantarão bem alto a árvore da sua vida.

Todo aquele que compreende ser filho de Deus, imagem e semelhança divina, assenta raízes pujantes e sua árvore subirá forte e poderosa como os cedros do Líbano.

Pensar grande é reconhecer a existência de um poder divino em si.

Pensa grande quem acredita no grande.

******

Anote:

Pensamentos poderosos são raízes gigantescas e profundas, que sustentarão qualquer árvore.

******

Quanto maiores forem as dimensões dos seus ideais, tanto mais firmes deverão ser as suas raízes. Uma coisa é proporcional à outra.

Assim como a grama tem as raízes necessárias à grama, da mesma forma o pinheiro tem raízes condizentes com sua grandeza.

Para ser grande, pois, há que pensar grande.

É inimaginável alguém querer sustentar uma castanheira dando-lhe raízes de um pé de alface. Não espere, então, que semeando projetos insignificantes vá produzir realizações fantásticas.

A vida é coerente.

Você pode ser ignorante ou equivocado, mas os efeitos serão sempre coerentes.

De qualquer sorte, não importa como tenha plantado sua árvore até aqui: sua vida é um campo imenso à sua espera.

Comece a pensar grande: crie ideais, metas, sonhos maravilhosos e acredite no poder interior que fará tudo crescer, amadurecer e dar o fruto devido.

Esqueça as raízes-de-repolho dos seus negativismos, depressões e pessimismos, e finque as raízes vigorosas e vitais da sua fé no sucesso.

As raízes poderosas são seus pensamentos cheios de fé.

Pense grande. Seja grande.

A vida é coerente. Para onde conduzir seus pensamentos, para lá irá sua vida.

40

NAS PIADAS UMA LIÇÃO POSITIVA

A secretária ligou para o diretor:

- Senhor diretor, tem aí um moço que deseja emprego nesta empresa.

- O que é que ele sabe fazer?

- Nada.

- Diga-lhe que não temos piscina.

A secretária foi conversar com o moço e perguntou-lhe se já havia trabalhado em algum lugar.

- Nunca – reagiu ele.

- Por quê?

- Por amor ao próximo: não queria tirar o emprego de ninguém.

- Que turno você prefere?

- O turno das férias.

- Desse jeito você acha que consegue trabalho?

- Olha, eu não estou pedindo trabalho. Quero apenas emprego.

- Qual é a diferença?

- Você é secretária e não sabe? Emprego tem a ver

com salário. Isso de trabalhar é meio ultrapassado, não acha? Trabalho é cabeça-mãos-e-pés, ao passo que emprego é apenas dinheiro-na-carteira, entendeu?

- O que você faz em casa?

- Ajudo meu irmão.

- E o que faz seu irmão?

- Nada.

- Por que você quer sair de casa?

- Estou esgotado de tanto fazer nada.

- Mas fazer nada cansa?

- Cansa demais, não tem intervalo.

A secretária já não aguentava mais e desabafou:

- Se é tão bom não fazer nada, por que você procura emprego?

- Porque até hoje não me pagaram as horas extras. Além das oito horas normais, fico mais dezesseis horas sem fazer nada e nunca me pagaram extras. É uma injustiça que brada aos céus. Deus é minha testemunha.

Você fala em Deus, mas não segue o mandato divino.

- Sigo o sétimo dia de Deus.

- O que fez Deus no sétimo dia? – perguntou, curiosa, a moça.

- Descansou.

- Essa não! – vociferou a secretária.

- Essa sim! – teimou o moço.

Como a conversa não terminava, termino-a eu.

Não seja você desses que passam a vida inteira fugindo do trabalho, à procura de emprego.

"Dai e dar-se-vos-á" – disse o Mestre.

A primeira coisa que deve perguntar-se, quando à procura de atividade, é se realmente aprecia o trabalho que lhe é proposto. Se não lhe causa nenhuma motivação, desista. Nada vai em frente se não for estimulado pelo entusiasmo, pelo interesse que desperta, pela vontade firme de meter-se nele de ponta-cabeça.

Sem entusiasmo, nada vai em frente.

O entusiasmo é companheiro inseparável do êxito.

O sucesso é a meta; o entusiasmo é a energia explosiva que impulsiona para o objetivo.

Os entusiastas têm o dom de esperar contra toda a esperança. E são capazes de transformar a desesperança em resultado positivo.

Imagine um jogador de futebol habilidoso, fisicamente preparado, entusiasmado pelo seu trabalho em campo. É um ídolo. De ouro, não de barro.

Às vezes você vê em campo um jogador famoso que troteia para cá e para lá, tocando na bola como se fosse uma comida insossa. Por certo, está a caminho do banco de reservas. O que dá brilho e consistência à fama é o entusiasmo.

Imagine uma pessoa que, além da sua capacidade e dedicação, coloca no empreendimento o seu vigoroso entusiasmo. É um vencedor.

Daniel Guggenheim era um homem riquíssimo, bem-sucedido, chamado, nos EUA, o "rei das minas".

Perguntaram-lhe:

- Qual foi o segredo do seu sucesso?

Respondeu ele:

- O entusiasmo com que sempre trabalhei, o espírito de otimismo e confiança que infundi no meu trabalho.

Marden, autor de diversos livros, escreveu:

"Não é preciso perguntar a um homem se gosta da profissão que exerce, porque ele manifestará esse prazer no semblante e no espírito de ilimitado entusiasmo que puser na sua obra. Se gostar dela, um gozo íntimo resplandecerá em todo seu ser".

"O entusiasmo – escreveu Napoleon Hill – é a maior força da alma".

Tenha entusiasmo no coração e você será Campeão do Mundo, isto é, do seu mundo.

Os entusiastas arrancam para a solução e a conseguem.

41

CRIE UMA BELA AUTOIMAGEM

Se pudesse criar, por milagre, uma pessoa exatamente igual a você, para conviver com você, teria prazer em criá-la?

É você o tipo de pessoa cuja companhia lhe agrada?

Gostaria de conviver com alguém igual a você?

Apreciaria um marido ou mulher que tivesse os mesmos hábitos, crenças, mentalidade, qualidades, defeitos, conceitos e preconceitos que você?

Agora que está no silêncio de si mesmo, medite se seria ótimo ter um patrão com pensamentos, sentimentos, costumes e métodos semelhantes aos seus...

John K.Williams, num dos seus livros faz esta pergunta: "Que espécie de pessoa você vê quando olha para si mesmo?"

Se é uma pessoa deprimida, sem graça, sem brilho, por certo não iria escolher um sósia para compartilhar a vida. Pois, isto já é um bom motivo para empenhar-se, com todas as forças da sua alma, em mudar o seu modo de ser.

Se é pessoa alegre, agradável, feliz, com certeza

gostaria de conviver com pessoas assim.

Se é muito duro e ríspido ao julgar e tratar os outros, quero crer que não se daria bem com quem o tratasse dessa maneira.

São esses estados mentais negativos que prejudicam sua autoimagem; mais do que isto, desgastam as energias, geram estresse, produzem desânimo.

Quer melhorar sua autoimagem?
Muito simples: inunde sua mente
de conteúdos positivos.

Todos nós acreditamos naquilo que queremos acreditar. Queira acreditar que é uma pessoa agradável, calma, alegre, feliz, inteligente, positiva, atraente, fascinante e bem-sucedida. Aceite a verdade universal de que todos somos irmãos e vivemos na mesma casa, esse planeta maravilhoso. Tenha certeza de que todos gostam de ouvir elogios e ninguém aprecia o menosprezo, a calúnia e a crítica maldosa.

******

Faça, neste momento, um pequeno exercício de

imaginação. Você sabe que a imaginação é sua fonte criadora. Entre agora na brincadeira de imaginar-se precisamente como gostaria de ser. Seu corpo com a forma desejada; a mente iluminada, positiva, animada, inteligente, irradiante; o coração afetivo inundado de amor e felicidade; os empreendimentos com os resultados sonhados. Veja-se cumprimentado, ou cumprimentada, carinhosamente, pelas pessoas e todas adorando compartilhar da sua convivência. Alinhe mais qualidades e estados prazerosos, porque você é seu único limite.

Parabéns, pois pensar é ser.

Joseph Murphy escreveu: "Você se transforma naquilo que imagina ser".

Ao mudar sua autoimagem, mudará sua realidade.

Saiba que não é só você que agora gosta de si. Eu também adoro essa pessoa maravilhosa, que você acabou de criar.

Ao mudar a sua imagem, mudará a sua realidade.

42

NÃO SEJA UM GÊNIO ADORMECIDO MAS UM REALIZADOR BEM-SUCEDIDO

Quando o Presidente Kennedy tomou posse, ficou famosa esta frase do seu discurso: “E, por isso, meus concidadãos americanos, não perguntem o que o seu país pode fazer por vocês; perguntem o que vocês podem fazer por seu país”.

Quero colocar a frase de Kennedy à minha maneira: “Não pergunte o que os outros podem fazer por você; pergunte o que você pode fazer por si”.

Examine suas potencialidades, aptidões, dons, carismas, capacidades, e verá que tem muito ouro a extrair de sua fantástica mina interior. Não descobriu sequer vinte por cento das suas potencialidades.

Você é muito mais do que se supõe.

Mesmo você, que vive aí pelos cantos das favelas, tem a inteligência dos gênios, a dimensão do infinito, o poder de tudo alcançar.

Se acha que estou exagerando, veja a história de muitos heróis, cientistas, empresários de sucesso, mulheres e homens ricos, que são originários de favela. E não são raros; pelo contrário, são a regra geral, principalmente no Brasil. Cada vez que leio revistas, com dados biográficos de pessoas bem-sucedidas, mais me conscientizo dessa verdade. O ponto de partida tem sido a pobreza, dificuldades econômicas, privações.

Não importa, pois, como você esteja agora. Para chegar ao último degrau, sempre há que passar pelo primeiro.

******

Importante:

O essencial é que você acredite em si, na sua capacidade, na sua energia realizadora, e tenha uma grande ideia.

******

Para ser grande só há um caminho: pensar grande.

O pensamento, fortalecido pela crença na realização do mesmo, é o suporte mais poderoso do sucesso.

O que interessa é que você pegue uma ideia, dê-lhe vigorosos jatos de entusiasmo e meta o pé no acelerador.

Não pergunte o que os outros podem fazer por você; pergunte o que você pode fazer por si mesmo.

43

PENSAR POSITIVAMENTE É HÁBITO INTELIGENTE

Faz bem usar a massa encefálica, senão ela pode enferrujar ou atrofiar, como se brinca por aí.

Têm aqueles que usam a inteligência uma vez por semana e ficam esgotados. E que dizer dos que nunca a usam para não gastá-la?

Como você gosta de usar e abusar dos talentos que Deus lhe deu, vou deixar-lhe alguns pensamentos colhidos carinhosamente:

"Pelo menos 98% das coisas com que nos preocupamos nunca acontecem".

Abigail Van Buren, cantora norte-americana

******

"Não é o que possuímos que faz a felicidade, mas o pensamento feliz que temos a respeito".

Lauro Trevisan

******

"Um administrador que se rodeia de assessores mais inteligentes do que ele é mais inteligente do que eles".

Milôr Fernandes

******

"Você tem o céu dentro de si; querer buscá-lo num comprimido é fazer muito do comprimido e pouco de si".

Lauro Trevisan

******

"Tudo que se faz por amor adquire formosura e se engrandece".

Balanguer

******

"Aqueles que negam a liberdade aos outros não a merecem para si mesmos".

Lincoln

******

"Sua religião é aquilo que você faz quando termina o sermão".

Senhora Brown

******

"O limite do teu pensamento é o limite das tuas possibilidades".

Sivananda

******

"Uma pessoa sorridente é uma pessoa ensolarada".

Pax

******

"Esta vida não foi feita para ser lembrada, mas para ser usufruída".

Thoreau

******

"Sentir a alegria de viver é o melhor cosmético para a mulher".

Rosalind Russel, atriz

******

"A felicidade está no nosso próprio quintal, mas é provável que esteja coberta de capim".

Dell Crossword Puzzles

******

"Os pessimistas recordam-nos que os lírios pertencem à família das cebolas, e os otimistas que as cebolas pertencem à família dos lírios".

Yolaine Dippenweiler

******

44

COMECE O MELHOR DIA DA SUA VIDA

Magic Johnson, o mega-estrela do basquete mundial, portador do vírus da AIDS, falou:

"Todos os dias, quando acordo, digo: "Cara, que grande dia!".

Johnson, talvez acuado pela AIDS, busca otimizar o seu dia a dia, festejando-o como alegre milagre que não volta mais.

Mas você, que está me lendo, sadio até a ponta dos cabelos, com os caminhos abertos e com expectativas de longa vida, será que acorda exclamando em alto-astral: "Cara, que grande dia!?"

Você tem muito mais razão de saudar alegremente o dia do que o astro do basquete, porque, afinal, você não está com AIDS, não é paralítico, não tem câncer e não está em coma.

É hora de abrir os olhos.

É hora de reconhecer que cada dia é um grande dia.

Se não fizer caso do dia que está vivendo, pode ser que ele fuja de você. Sim, porque depressão, tristeza, desânimo, negativismo, pessimismo, são como os invernos nevados que acabam com as flores e as plantas.

A cada amanhecer, faça como Magic Johnson e diga para si mesmo, com a satisfação que você merece: “Cara, que grande dia!”.

Olhe a vida com olhos otimistas. Requer o mesmo esforço mental que usa para o seu negativismo, mas tem a vantagem de lhe trazer ótimos resultados.

******

Em tempo:

Qualquer cientista da mente diz que você é o que pensa. Seja inteligente: pense coisas maravilhosas e seu mundo será maravilhoso.

******

Nada há de impedir você de viver hoje um grande dia. Amanhã também.

Pela lei da aerodinâmica, segundo os cientistas o besouro não pode voar. Mas voa, porque ninguém o avisou dessa lei.

Mesmo que as coisas estejam escuras para o seu lado, isso ocorre porque não jogou luz. Qualquer luz afasta a escuridão.

Você é a luz que ilumina este seu dia, tornando-o feliz e grandioso.

45

ANTES SÓ E POSITIVO DO QUE SOLITÁRIO

Tempos atrás, participei, no Rio de Janeiro, do programa "Rádio Globo na Madrugada". Os telefonemas que me passavam, ao vivo, dizia respeito principalmente ao drama da solidão.

A pessoa solitária sente-se isolada de si mesma e do resto do mundo.

O solitário é, antes de tudo, alguém que não gosta de si. Sua autoestima está em níveis alarmantes. Não gostando de si, não aprecia mais nada. A mente e o coração estão de óculos escuros.

É preciso não confundir o solitário com o sozinho. Este é apenas um indivíduo-sozinho, ao passo que o solitário é, sozinho ou não, alguém que não gosta de si e se sente isolado do mundo.

Há muita gente que vive só e se sente muito bem. O solitário, porém, está de mal consigo mesmo. Por isto, sofre.

Diz o velho ditado: "Antes só do que mal acompanhado".

O solitário vive só e mal acompanhado. Não há contradição. Está sempre mal acompanhado porque convive com a sua infelicidade, com a sua frustração, com o seu fracasso, com sua angústia.

Que fazer?

Bom, em primeiro lugar, desligar-se do fato que o fez infeliz. O que aconteceu está lá, você está aqui. Desgrude-se do problema. Lembre que o fato já é passado e o passado não existe mais. Quando você se isola, derrotado por uma separação, desentendimento, rejeição, prejuízo, decepção, ou o que for, está tomando atitude incoerente, porque se trata de fato ocorrido e, se ocorreu, não existe mais.

Você é o que é aqui, neste momento.

Deixe o problema e a aflição lá; você esteja aqui. Avance em direção à realidade deste instante. Esteja mentalmente onde você está fisicamente.

Agora, aqui, sinta-se a pessoa que sonha ser, reconheça a sua dimensão superior, o seu valor, as suas qualidades.

Olhe-se com olhos de amor, de compreensão, de tolerância. Perceba que você é muito mais que um episódio. É imagem e semelhança divina, inteligente, atraente, cheio de ideais e de belos projetos pessoais.

A solidão esvaziou a sua vida para que agora você a inunde de alegria, de paz, de amor, de beleza, de sucesso, de prosperidade, de amizades e de tudo que deseja de bom.

"Todo sonho legítimo é criador" – escreveu Marden.

Você já não é mais solitário, pois convive, desde agora, com seus grandiosos ideais.

E vive no mundo maravilhoso dessa nova vida.

Para completar, veja o que escreveu Richard Bach, em seu livro “Ponte Para o Sempre”: “Para trazer qualquer coisa à sua vida, imagine que já está lá”.

46

OS PENSAMENTOS POSITIVOS TRABALHAM POR VOCÊ

O Papa João XXIII tinha muito senso de humor. Certa vez, perguntaram-lhe quantas pessoas trabalhavam no Vaticano e ele respondeu:

- Metade.

Agora eu lhe pergunto:

- O que é que faz a sua vida tornar-se o que é?

Sem dúvida, são os seus pensamentos. Você é o que forem seus pensamentos.

O filósofo grego Sócrates ensinava: “Dize-me com quem andas e dir-te-ei quem és”.

Se me disser com que pensamentos anda, dir-lhe-ei quem você é. Sem nenhuma possibilidade de erro. Foi o que também afirmou Catherine Ponder: “Os seus pensamentos fizeram você como você é; os seus pensamentos farão de você o que será daqui por diante”.

Já que são seus pensamentos que fazem a sua vida, nada mais natural do que lhe perguntar:

- Dentre todos os seus pensamentos diários, quantos trabalham por você e para você?

Os pensamentos positivos, otimistas, saudáveis, prósperos, felizes, alegres, trabalham beneficamente para você; os pensamentos de sucesso o conduzem ao sucesso; os pensamentos criativos, que levantam seus projetos, abrem caminho para essas realizações. Você pode, no entanto, estar convivendo com pensamentos negativos, destrutivos, pessimistas, obscuros, depressivos, tristes, deprimentes, bloqueadores, maléficos: estes trabalham contra você.

Se eu lhe perguntasse quantos pensamentos trabalham por você, talvez tenha que responder:

- Metade.

Se está em depressão, pode acontecer que apenas um ou dois pensamentos por dia trabalham positivamente em seu benefício.

Mas, toda hora é hora de mudar o quadro.

Sua vida não é resultado de sorte, azar, imprevisibilidade: é fruto dos seus pensamentos.

Crie apenas pensamentos que trabalhem por você o tempo todo.

Seus pensamentos não só apresentam expectativas, como são seu poder criador.

Faça seus pensamentos trabalharem positivamente por você. E para você.

47

FAÇA BRILHAR A SUA ESTRELA

Certa vez, li, em algum lugar, esta frase: "Para que faças brilhar a tua estrela não precisas apagar a minha".

Se você está seguindo a filosofia de derrubar o outro para poder subir, saiba que é um método contraproducente.

Simplesmente, ocupe-se em fazer brilhar a sua estrela, nada mais.

Lembro aqui uma piada que me contaram:

- Julieta, você sabia que existe apenas um, a cada 1.253 brasileiros, que mede mais de 1,80m de altura? – comentou o funcionário do IBGE com a mulher.

- E é justamente esse infeliz que sempre senta bem na minha frente no cinema! – descarregou ela.

Tem gente que sempre acha que os outros estão atrapalhando.

A mulher diz que é o marido que a faz infeliz; o marido atribui à mulher a sua depressão; o funcionário pensa que o chefe o está sufocando; aquele outro entende que não vai para frente porque alguém fez macumba; assim por diante.

Enquanto você fica dependurado nos outros, não

avança. Pior, sofre sem necessidade.

Faça brilhar a sua estrela e não se preocupe com os outros.

Descarte a ideia de que alguém esteja barrando o seu caminho.

Seu caminho é você.

Ficar amarrado nos outros e depender deles é perda de tempo e de vida.

Você não precisa comer pela mão de quem quer que seja. Muito menos a comida da alegria, da felicidade e do bem-estar.

******

Medite:

Muitos desanimam porque acham que vencer na vida é derrubar muros, enfrentar exércitos, competir com mais fortes, matar um leão por dia. Nada disso. Vencer na vida é você ser plenamente você, fazer brilhar a sua própria estrela, iluminar seus ideais, reconhecer suas qualidades e talentos, trilhar seu próprio caminho, acreditar em si e acender o estopim dessa energia fantástica.

******

Lembre-se que não basta ser grande: é preciso sentir-se grande e gozar a realidade da sua grandeza.

Tudo depende unicamente de você.

Se ainda não o convenci, minha última tentativa é apelar para um insofismável arrazoado filosófico, de altos teores científicos, proclamado alto e bom som por um filósofo de araque: “Nada mais tenho a dizer-te, meu filho. Se sabes o que queres, e se queres o que podes, e podes o que queres, e sabes que podes o que queres, então viverás com absoluta tranquilidade”.

Tenho dito.

48

FIRME-SE APENAS EM SI MESMO

Há tempos, lancei um bloquinho de cartas com legendas e a primeira folha traz esta frase: "Eu sou eu, você é você; e, se formos amigos, tanto melhor".

A mensagem quer dizer que, antes de tudo, você deve voltar-se para si mesmo, descobrir as dimensões grandiosas e individuais do seu ser, firmar-se sobre esta pilastra e reconhecer que o que você tem que fazer na vida é você que tem que fazer. (A repetição é proposital).

******

Não espere que os outros façam o que pertence a você realizar.

******

Ninguém pode respirar por você, nem alimentar-se por você, muito menos dormir por você. Da mesma forma, é você que cria seus ideais e projetos. Como causa

e efeito são as duas faces da mesma realidade, cabe a si desenvolver o processo da materialização dos seus sonhos.

******

Muita gente mergulha no mundo da frustração porque não recebe o retorno de tanto bem que fez a familiares, parentes, sócios, amigos. Essa atitude mental rouba a alegria de viver e acaba tornando-se matéria-prima de doenças, até mesmo de câncer.

Lamentam-se: “Eu fiz tanto por ele, (ou por ela); me sacrifiquei demais nos tempos difíceis em que éramos pobres; ajudei-o a subir na vida; e agora me abandona, não reconhece o que sofri por ele; na hora de retribuir, se foi embora...”

Isto acontece, em primeiro lugar, porque você não seguiu a ordem natural da vida: o próximo mais próximo de você, o único sobre o qual tem responsabilidade absoluta, é você.

Jesus já dizia: “Médico, cura-te a ti mesmo”, querendo ensinar que, acima de tudo, você deve cuidar de si e fazer com que sua vida alcance a dimensão mais alta, mais feliz, mais saudável e mais próspera. Depois, expandirá aos outros os reflexos do seu mundo maravilhoso e abundante. Ninguém pode dar o que não possui.

******

Atenção:

Nada faça esperando retribuição, ou gratidão, ou compreensão, porque gerará campo fértil para mágoas e ódios. Esses males íntimos, além de desgraçarem sua vida, são fermento de doenças.

Faça o que necessita, o que lhe dá prazer, o que lhe faz bem, o que lhe traz satisfações pelo simples fato de fazer, busque os resultados que, em si mesmos, plenifiquem seu ser e sua vida.

******

Você é o seu próximo mais próximo. Cuide deste próximo, que é você, e nunca se arrependerá.

Se você for luz, não só se iluminará como estará iluminando os outros. Se der a sua lâmpada a outro, não pode queixar-se por estar apagado e o outro duplamente iluminado.

Toda hora é hora de começar uma vida plena, alegre, feliz, agradável, saudável, cheia de amor, porque aí está a sua grande fonte de energia.

49

É HORA DE REAGIR POSITIVAMENTE

Numa das Jornadas da Mente, recebi este bilhete: "No dia 15 deste mês fui doar sangue. Após a doação, tive um desmaio. Quando voltei a mim, estava deitada em uma maca no corredor do hospital. As mãos retorcidas e dormentes. O mesmo com as pernas, barriga e estômago. Em torno da boca também estava dormente. Pedi ajuda e um médico me disse: Relaxa! Foi a palavra-chave. No mesmo instante, tua imagem surgiu diante de mim, dizendo: Reage, reage... Quando lembro este acontecimento, tua imagem surge imediatamente na minha memória. Comecei a dizer contigo: "Reage, reage". Quando percebi, eu falava alto ali sozinha; e, aos poucos, voltei ao normal. Muito obrigada, amo você, um beijo do tamanho do mundo. (Assinatura)".

De tudo o que a missivista colocou, o que desejo como mensagem para você é o slogan: "REAGE!"

Se alguma doença tentar confinar você entre as paredes da sua casa: "Reage!"

Se os seus projetos vão indo por água abaixo: "Reage!"

Se fracassou e caiu em desânimo: "Reage!"

Se está rolando pela ladeira da droga ou do álcool: “Reage!”

Se está deprimido porque ninguém reconhece sua capacidade: “Reage!”

Se você se afogou em meio a tantas dívidas: “Reage!”

Se está sentado à beira do caminho, deixando a vida passar: “Reage!”

Se querem fazê-lo engolir uma falsidade: “Reage!”

Se está encolhido no seu cantinho: “Reage!”

Se estão espremendo você como limão seco: “Reage!”

Se acha que não serve mais para nada: “Reage!”

Se não tem casa, nem emprego, nem dinheiro: “Reage!”

Se não gosta de si: “Reage!”

Se não acredita em si: “Reage!”

Se abdicou de sua personalidade e identidade: “Reage!”

Se ainda não se assumiu: “Reage!”

Se pensa que o seu mal não tem cura: Reage!

Se deixa os seus projetos sempre para amanhã: “Reage!”

Se, de tanto cuidar dos outros, esqueceu de si: “Reage!”

Se você se acovarda diante das críticas: “Reage!”

Se, ao ler até aqui, ainda não reagiu: “Reage!”

50

ÓDIO NÃO PROSPERA EM MENTE POSITIVA

Aqueles noivos brigavam tanto que, na cerimônia do casamento, quando a noiva disse: "Sim, aceito-o como meu legítimo esposo", o noivo voltou-se irritado para ela e reclamou:

- Também, não precisa falar assim!

Muitos pensam que a violência tem a ver apenas com maus tratos aos outros.

Para início de conversa, a violência é, acima de tudo, uma agressão à própria pessoa do violento.

O fogo com o qual pretende queimar os outros, em primeiro lugar queima você mesmo.

Toda violência nasce na mente. Mesmo que se expresse por gestos, agressões, armas, bombas, foguetes, leis injustas, proibições indevidas, exigências maldosas, sempre tem sua origem na mente.

O que muita gente não sabe é que a violência acende no interior do violento um fogo devastador, que vai somatizar-se em câncer, úlcera, distúrbio cardíaco, ou vai atingir qualquer órgão mais fragilizado do organismo.

O ódio e a raiva tendem a produzir sérias lesões orgânicas – escreveu o médico, filósofo e escritor Aléxis Carrel.

A raiva, o ódio, a irritação, a hostilidade, a violência, levam o cérebro a liberar mais adrenalina, cortisol e norepinefrina, substâncias que inibem o sistema imunológico, predispondo o corpo a doenças.

Dizem os entendidos que a raiva fere o raivoso em pleno coração.

Além de tudo, pela Lei do retorno, quem com ferro fere, com ferro será ferido.

Convido, pois, você a demitir irrevogavelmente todo ódio, raiva, hostilidade, vingança, irritação e brabeza, porque são hóspedes altamente nefastos.

Desligue agora mesmo todo o passado irritante. Expulse todas as experiências nefastas e proclame uma nova vida, alegre, feliz, positiva, agradável.

******

Importante:

Estenda a mão a todos, só fale bem das pessoas, procure o lado bom de cada acontecimento, deixe de julgar os outros com severidade ou má-fé e, mais do que isso, acredite que só você pode prejudicar você. Portanto,

faça a sua vida como achar melhor e aceite os outros como são.

******

Perdoe o passado.

Comece a vida a partir deste momento.

Semeie alegrias e as colherá multiplicadamente.

Queira bem a si mesmo, mantendo a mente em bom astral.

Trate o outro como quer ser tratado. Ou melhor, trate o outro como se o outro fosse você.

O bem que fizer a qualquer pessoa, retornará a você. Pela lei da vantagem, só pense o bem, só faça o bem, só deseje o bem.

O corpo agradecerá penhoradamente.

E a saúde voltará à sua casa.

51

SEU DIA É HOJE: SEJA POSITIVO

Li, de Tim Hansel, o seguinte: "Nossa sociedade nos inundou com a importância da importância. Fomos condicionados a acreditar no grande, no rápido, no caro e no longínquo. Creio que se você tivesse que se mover só 25 centímetros que fossem, do local onde agora se encontra, para ser feliz, continuaria infeliz. A vida se torna preciosa e mais especial para nós quando observamos os pequenos milagres de todos os dias e nos entusiasmamos com o privilégio de sermos simplesmente humanos".

Não me pergunte quem é Tim Hansel, porque não sei. Mas, há algo de significativo no que ele escreveu.

A coisa mais importante é ser feliz, embora a felicidade não torne a pessoa importante.

Há muita gente que se lamenta da própria infelicidade, mas, como diz Tim Hansel, não se move nem 25 centímetros para ser feliz.

Se você é dos que pensam que felicidade, riqueza, sucesso, caem do céu, saiba que só se é do céu mental.

Mais do que fazer as coisas porque o tornam

importante, faça-as pela satisfação que lhe trazem.

******

Nota:

A vida não é uma maratona em busca da fama, mas uma caminhada de autorrealizações, semeadas de alegrias e belos resultados benfazejos.

******

Quanto a acreditar no grande, no rápido, no caro e no longínquo, é preciso reconhecer que só realiza grandes coisas quem pensa grande. Não pode haver grandes empreendimentos sem existirem grandes projetos. É a Lei de causa e efeito.

É verdade que sonhar apenas por sonhar, no grande, no rápido, no caro e no longínquo, não leva a nada. O que dá consistência ao sonho é a fé de que todo pensamento acreditado se materializa. Portanto, um sonho vago, diluído, distante, confuso, flutuante, é estéril.

Sonhar e acreditar na realização é o primeiro passo da conquista.

Criar e crer na materialização é a regra do sucesso.

Mas há um detalhe especial na frase de Tim Hansel: "A vida se torna preciosa e mais especial para nós quando observamos os pequenos milagres de todos os dias e nos entusiasmamos com o privilégio de sermos simplesmente humanos".

Seja qual for o tamanho dos seus ideais, lembre que a vida é hoje, aqui e agora. Não necessita sequer mover-se 25 centímetros para encontrar momentos de alegria, motivos de prazer, estímulos para o seu dia a dia e situações de felicidade. Mas se for necessário locomover-se 25 centímetros, não titubeie.

Seja feliz agora. Nesses primeiros 25 centímetros deste dia.

52

MENTE POSITIVA: LONGA VIDA SAUDÁVEL

Todo mundo quer ir para o céu, mas, ao que eu saiba, ninguém tem pressa. É bom ficar por aqui até que dá. E agora há expectativas de vida que acenam para 150 ou até 200 anos.

Li um trabalho publicado em *Globo Ciência* sobre o assunto. Dizia que o processo de deterioração do organismo se deve aos chamados radicais livres, que são "produtos derivados das atividades bioquímicas normais, como digestão e respiração".

O corpo produz diariamente cerca de dez bilhões de radicais livres, que são mantidos sob controle quando a pessoa é saudável e jovem.

A questão é: como combater os radicais livres e como produzir antioxidantes?

Uma série de experiências científicas estão sendo realizadas no mundo. Alguns resultados promissores ocorreram.

Recolhi algumas informações fundamentais para o combate à velhice, à doença, e para uma longa vida benéfica.

Não há nenhuma contra-indicação para o que vou colocar-lhe.

Manter a mente positiva é o ponto de partida. Por sinal, é o que venho pregando há muito tempo, porque o estado mental negativo, a tristeza, a depressão, o desânimo, a angústia, a raiva, o ódio, as preocupações, os estresses – são inimigos número um da saúde e envelhecem prematuramente.

******

Para lembrar:

A mente positiva, otimista, bem-humorada, alegre, feliz, confiante, bem-disposta, tranquila – atua poderosamente sobre o corpo, energizando-o, fortalecendo o sistema imunológico, harmonizando o pleno funcionamento dos órgãos vitais.

******

Neste momento, pare de ler e dê uma checada na sua vida. Você está se sentindo bem? Sorri algumas vezes por dia? Acredita em si e na vida? Tem projetos grandiosos que o estimulam na sua caminhada diária?

O caminho da longa vida saudável recomenda: não fumar; beber com moderação, porque o álcool danifica as células do cérebro; comer muitas frutas e verduras; combater a obesidade; evitar comidas gordurosas.

Por fim, a reportagem insiste na importância de exercícios físicos regulares.

Termina desejando que a pessoa prossiga, ao largo dos anos, mantendo relações de boa convivência com familiares, vizinhos e amigos, já que, além do mais, evitam o isolamento e a solidão, causas de depressão e de muitas doenças.

Fecho esta mensagem com uma afirmação do escritor russo Leon Tolstoi: “A fé é a força motriz da vida”.

53

BRINCANDO TAMBÉM SE APRENDE

Um motorista bêbado andava na contramão de uma rua de mão única, quando um policial o deteve:

- Não viu a seta, senhor?

- A seta? – exclamou o borracho – Pois eu não vi nem os índios!

Moral da história: cada um vê a vida conforme está na cabeça.

******

O gaúcho saiu de casa e só voltou uma semana depois, no bagaço, bota rasgada, bombacha a meio pano.

A mulher botou as mãos na cintura e o encarou:

- Mas, homem de Deus, onde é que você esteve?

- Eu fui ao mato pescar e me apareceu uma enorme onça, faminta como ela só. Aí me larguei numa disparada como quem foge da morte, e a onça atrás. Só parei quando a bichona desistiu de mim.

- Tudo bem – aceitou a mulher – mas isso foi há uma

semana. E o que é que ficou fazendo até agora?

- Voltando a pé – explicou o homem.

Moral da história: Para tudo existe uma explicação.

******

A moça chegou ao consultório, sentou-se e disse ao médico:

- Doutor, sinto uma espécie de fogo do lado do coração. Tem remédio?

- Tem, case-se com um bombeiro.

Moral da história: Remédio existe, resta saber se é o melhor.

******

O gaúcho entrou na joalheria:

- Qual é o preço deste relógio?

- Mil reais.

- Mas é uma barbaridade! E este outro aqui?

- Duas barbaridades.

Moral: Adapte o discurso à sua plateia.

******

Um sujeito de orelhas grandes meteu-se a zombar de

um coitado que passava na rua com os sapatos velhos e rasgados:

- Ei, cara, de que está rindo o seu sapato?

- Das suas orelhas – lascou o miserável.

Moral: Quem diz o que quer, ouve o que não quer. Ou então: O roto não ria do rasgado.

******

Quando o carrasco perguntou ao condenado qual era sua última vontade, o homem não teve dúvidas:

- Quero ver os meus netos.

- Mas como?! – surpreendeu-se o carrasco. – O senhor nem é casado?

- É verdade – confessou o condenado – mas posso procurar uma noiva, casar-me, ter filhos, casar os filhos e esperar os netos. Não tenho pressa nenhuma, senhor.

Moral: Sempre há uma saída.

******

O instrutor acompanhava uma bela jovem que aprendia a dirigir carro. Lá pelas tantas, a moça avançou o sinal vermelho da sinaleira, sem perceber, quase batendo em outro veículo.

O instrutor inclinou-se para a jovem e cochichou:

- Alguém já lhe disse como são lindos seus olhos castanhos?

- Já – respondeu apressadamente a moça, imaginando a cantada.

- Pois então use-os – xingou o instrutor.

Moral: Inteligência e talento existem para serem usados sempre e não só de vez em quando.

54

ATÉ O VENDAVAL TRARÁ EFEITOS POSITIVOS

Existem momentos na vida que são verdadeiros furacões. E podem mudar tudo, tanto para melhor quanto para pior.

Se lhe acontecer um terremoto destruidor, nada mais fantástico do que reconstruir a vida com fé e entusiasmo, acrescentando todos os detalhes que faltaram ao primeiro projeto.

Para quem é positivo, não há mal que não venha para bem.

Como escreveu Goethe: "Agarra-te a este momento. O que puderes fazer ou sonhar que podes fazer, começa a fazê-lo. A coragem traz em si a genialidade, o poder da magia. Empenha-te somente e a mente se aquecerá. Começa e, então, o trabalho será completado".

Este é o momento maior e mais importante da sua vida, porque é o momento que está vivendo.

Agarre-se a este momento e proclame a sua libertação interior, desfralde a bandeira da alegria, e siga em frente, com o porte do vencedor.

Lembre-se que a fé remove montanhas.

Acima de tudo, acredite que tem o poder de construir a sua vida, usando essa Força superior que tudo lhe alcança.

Iluminado pela fé que tudo obtém, você renasce feliz, cheio de amor, com a certeza de que o sucesso e a prosperidade o acompanham aonde quer que vá.

Se encontrar alguém que comunga esses mesmos sentimentos, abrace-o, porque encontrou um irmão de alma e coração.

De abraço em abraço, construiremos uma humanidade feliz.

55

SEJA POSITIVO: PONHA-SE NO LUGAR DO CRITICADO

Existe um velho ditado dos índios dakotas que diz: "Não farei críticas a meu irmão até que ande três quilômetros com ele".

A sabedoria ensina que devemos ser lentos no criticar e rápidos no elogiar.

Lembre-se que a outra pessoa é você para o resto da humanidade, portanto não faça à humanidade o que não quer que ela faça a você.

Em qualquer situação, coloque-se na posição do seu semelhante. Isto significa que deve tratar o outro como se o outro fosse você. Já falei sobre isso.

Quando lhe dá ganas de xingar o garçom, a atendente da loja, o cobrador de ônibus, ponha-se na situação deste indivíduo e imagine quantas horas ele está aí ouvindo e atendendo pessoas, muitas das quais nervosas, apressadas, deselegantes, raivosas, brigadas com o mundo, intolerantes, chatas, indecisas. No fim do dia, pode ser que a cabeça esteja do tamanho de um bonde.

Às vezes, o filho xinga a mãe a mais não poder, mas

nunca se colocou na posição dela. Da mesma maneira, vêem-se mães que se queixam amargamente do filho, ou da filha, mas se esqueceram de que também tiveram essa idade. Mais ainda, se esqueceram de sentir-se na situação mental e emocional do filho ou da filha.

É fácil criticar. A pessoa se estriba em motivos visíveis para verberar contra o outro. Não conhece, no entanto, os motivos invisíveis que existem no outro e que o fizeram agir daquela maneira.

Há uma historinha contada pelo filósofo Plutarco sobre certo romano que foi duramente criticado pelos amigos por se ter divorciado da mulher.

O romano falou aos seus críticos:

- Vocês alegam que ela era casta, honesta e fértil.

Em seguida, tirou o sapato e disse aos interlocutores:

- Não podem negar que este sapato seja novo e bem-feito, não é? E, mesmo assim, nenhum de vocês pode dizer-me onde ele me incomoda.

É por essas e outras razões que o Mestre recomenda que não se julgue a ninguém, já que é praticamente impossível ver o que se passa no íntimo da pessoa.

Quando há áreas de conflito, o diálogo é um sábio caminho.

Disponha-se a ouvir, mais do que a falar. Para isso, Deus lhe deu duas orelhas e apenas uma boca.

******

Pense:

*** Para ter amigos é preciso ser amigo. Ninguém fala mal de quem ama.**

*** Você é muito melhor do que se julga e os outros são muito melhores do que você supõe.**

*** É mais benéfica uma gota de mel do que um barril de vinagre.**

56

IDADE AVANÇADA É IDADE POSITIVA

Muitas pessoas de idade pensam que já não é mais tempo de alegrias, de sucesso e nem de pensamentos positivos.

Com frequência, velhice é associada à idade do abandono, do declínio, da inutilidade, da dependência, da impotência.

Pura crença negativa.

Se velhice significasse apenas inutilidade, Deus não a teria criado. Para que criar o dispensável? Para que insistir no infrutífero? Para que manter o indesejável?

A resposta está na bíblia: "Na velhice darão ainda frutos; serão ainda cheios de seiva e de verdor".

Concordo, porém, que essa idade é um continente a ser descoberto.

Sabe-se muito da infância, da adolescência, da juventude, da maturidade, e quase nada se sabe da velhice. Não se alcançou a essência dessa idade. Noutras palavras, precisamos indagar qual é a juventude da velhice.

Um estudo prático e profundo chegará à conclusão de

que a velhice é a fase gloriosa e doirada da vida.

Enquanto o jovem se lança briosamente na escalada da montanha, a velhice já está no cume, usufruindo a façanha.

A juventude é a idade do prazer da conquista: a velhice é a idade do prazer do conquistado.

A juventude é a aventura do fazer; a velhice, o usufruto do feito.

A juventude se estriba na dimensão física; a velhice, na dimensão mental.

A juventude vibra com o caminho a ser percorrido; a velhice comemora o caminho percorrido.

Velhice, em resumo, é o patamar grandioso, prazeroso, tranquilo, liberto e auto-suficiente. Contém todas as outras idades.

A juventude quer ser; a velhice é.

******

Verdade:

A velhice é a contemplação mais alta da vida, a paz de espírito, o bom humor, a sabedoria da experiência, o descompromisso, o tempo disponível, produto este raro em outras idades.

******

Enquanto a juventude está escrevendo o primeiro livro, a velhice se deleita na enciclopédia.

Enquanto o homem maduro é premido pelo horário, o idoso é dono do tempo.

Grande idade, bela idade, feliz idade.

Do alto da sua sabedoria e experiência, o idoso é mestre das artes a que se dedica, podendo dispor de todo o tempo do mundo para tal.

Velhice é idade da confraternização, do carinho, da condescendência, da bondade e da generosidade.

É, em última análise, a idade plena, agradável, positiva, alegre, serena, produtiva, desejada.

Por um milagre inusitado, o idoso se reencontra com a idade infantil, formando um pacto de amor e de alegria com as crianças.

Velhice é idade que tem luz própria.

******

Anote:

Pensando bem, velhice não é velhice: é a juventude melhorada.

******

Certa vez, o netinho perguntou ao avô:

- Vovô, você é jovem ou é velho?

O avô, muito enxuto, respondeu:

- Eu sou jovem há muito tempo, meu netinho.

******

57

SAIA DO PORTO

Certa vez, anotei uma frase de John Shedd, que gostei: "Os navios estão a salvo no porto, mas não foi para isso que eles foram feitos".

Cruzar os braços, abdicar dos ideais e projetos, é um método prático de não ser incomodado por ninguém. Mas, o ser humano não foi feito para ficar atracado no porto da vida. É preciso navegar, conhecer, conquistar, expandir, aventurar-se.

Existe um ditado que diz: "Barco parado não ganha frete".

O grande Mestre Jesus, em certa ocasião, condenou a apatia dos que nada fazem por temor do fracasso. Foi quando contou a parábola dos talentos:

- Certo senhor distribuiu cinco talentos para um, quatro para outro, três para outro e, por fim, deu um talento para o último. Com exceção deste, todos trataram de multiplicar os talentos. O último, porém, escondeu seu talento, com medo de o perder, nada produzindo. Foi condenado por isso.

Por outras palavras, deixou o barco parado no porto.

Você, que está aí adiando os seus projetos para quando

Deus quiser, verifique se não é hora de colocá-los em prática.

Lembre-se que os grandes homens chegaram a grandes resultados porque projetaram, acreditaram, puseram mãos â obra e persistiram.

Ficar parado ou dançando nas nuvens é cômodo, mas não leva a nada.

Acredite na força interior, porque ela é capaz de vencer tempestades, remover obstáculos e levá-lo ao sucesso.

De nada vale ter sonhos do tamanho do mundo e nada fazer para que se realizem.

O motor de toda ação chama-se fé nos resultados.

O famoso arquiteto Frank Lloid Writh declarou, certa vez. "Sempre acontece aquilo em que realmente se crê."

******

Importante:

Se você acredita na concretização do seu desejo, estará movendo uma força todo-poderosa que o levará a tal.

******

Não faz muito, assisti a um filme sobre Cristóvão Colombo, o descobridor da América. Basta ver os percalços, as revoltas a bordo do navio, o temor de não chegar a lugar nenhum, para se ter certeza de que o sucesso e a glória deveram-se ao fato de Colombo ter acreditado resolutamente na sua ideia.

Quando você acredita numa sonho, todas as energias do universo, da vida e do Infinito, se conjugam para a concretização.

Mas, tudo isso exige o primeiro passo. E depois o segundo. Por fim, a fé se encarregará de levar a bom termo.

Revendo a frase de John Shedd: "Os navios estão a salvo no porto, mas não foi para isso que eles foram feitos".

Arme-se de coragem, de entusiasmo e de fé, e saia do porto, que você chegará lá.

E a humanidade agradecerá calorosamente.

58

EXERCÍCIOS POSITIVOS

Comer abacaxi com casca é terrível, mas, uma vez descascado, torna-se fruta saborosa, ainda mais se transformada em sobremesa.

Descasque seus abacaxis.

******

Convido-o a, singelamente, fazer os exercícios a seguir.

EXERCÍCIO 1

Mentalize: "Eu sou filho de Deus, autor da minha vida, por isso sou dono da minha alegria e felicidade. Perdôo o passado e volto-me inteiramente para o dia de hoje, que o quero fazer alegre, positivo e bem-realizado. Aceito os outros como são e sei que a melhor maneira de ajudar alguém é eu mesmo ser alegre, feliz, irradiante e agradável. Invoco o Poder Interior e a Sabedoria Infinita, imanentes em mim, para que conduzam minha vida ao melhor e pelo melhor.

Decido-me a preencher o meu tempo com realizações que me fazem bem e me entusiasmam. Sei que sou eu que faço a minha saúde e o meu bem-estar, por isso, agora me ajudo decididamente a superar as dificuldades e desânimos. Agora sou outra pessoa. Meus familiares e amigos já estão surpresos e bem impressionados comigo, e meu médico está satisfeito com minha saúde e bom astral.

Cuido de mim, visto-me bem, penteio-me com bom gosto, sou sorridente, aceito convites que levantam meu ânimo e sou atencioso para com as pessoas. Caminho bastante diariamente, tomo sol, faço exercícios, divirto-me e traço grandiosas metas para minha vida. Eu sou realmente outra pessoa e todos gostam de estar comigo. Cada dia me sinto melhor e melhor em todos os sentidos. Assim é agora e sempre".

EXERCÍCIO 2

Agora é você que vai escrever. Com descontração. Ser simples como as crianças é a maneira mais sensata de viver.

Brinque de responder os itens, sem preocupação nenhuma e sem achar que deva ser exato, perfeito e preciso. Invente quanto quiser.

Vamos lá:

1) Relacione aqui como você se sente atualmente:

(.......................)

2) Agora escreva como deseja sentir-se. Exagere para mais, que faz bem:

(........................)

3) Cite as 5 decisões positivas mais fortes e difíceis que você quer tomar agora para melhorar a vida:

(..........................)

4) Enumere mais 10 decisões simples e positivas, que você cumprirá desde hoje para uma vida mais gostosa:

(............................)

5) Descreva como será seu dia, desde a hora de acordar, e o que fará para sentir-se ótimo durante o dia:

(...........................)

6) Cite os 3 projetos que começará a realizar a partir de hoje:

(..........................)

7) Agora abençoe a sua vida e agradeça o milagre da existência:

(...........................)

8) Já que você foi valente em escrever até aqui, crie mais uma dose de coragem e redija uma mentalização que contenha o que você quer da vida. Vamos lá, brinque de escrever:

(............................)

9) Muito bem, parabéns. Gostei. Palmas para você. Mil beijinhos. Você começou a grande virada da sua vida. Eu acredito em você. Vá em frente, com fé e alegria. Não se

preocupe quando falhar; o que importa é você festejar as vitórias, os progressos, os resultados, por menores que sejam. Lembre-se que a determinação e a persistência vencem qualquer sofrimento ou obstáculo e conduzem você ao mundo maravilhoso dos seus sonhos doirados.

Repita muitas vezes a leitura desses exercícios para gravar fundo no subconsciente. Há um sábio ditado que diz que até uma mentira repetida muitas vezes se torna verdade.

Sempre que quiser modificar ou acrescentar algo sobre o que escreveu, faça-o à vontade.

Agora sorria e elogie-se, porque você fez o que pouca gente faz: mudou a sua vida. Pensar é poder. Um abraço carinhoso a você.

59

ABRACE A VIDA

Faça uma trégua consigo mesmo: descarregue os nervos, descanse um pouco, acalme-se.

Prometa que, desde já, fará o melhor esforço para manter atitudes serenas junto aos seus familiares. Lembre-se que eles não são para-raios. São seres humanos, tão sensíveis quanto você, tão merecedores de sua atenção quanto você, e podem estar tão esgotados quanto você.

É hora de parar, olhar e escutar.

Se você fizer a sua parte, pode ter certeza de que os outros terão o caminho bem facilitado.

Contribua para a recuperação da calma e da paz de espírito dormindo bem à noite e aproveitando os fins de semana para espairecer, passear, entrar em contato com a natureza, acampar, viajar...

******

Atenção:

Cultive a alegria. Continua verdadeiro o velho ditado de que rir é o melhor remédio.

******

Ao invés de ficar rangendo como roda de carreta, conte umas piadas e ria, aquele riso aberto e sem tranqueira, que lava a alma e coloca você em estado de graça.

Demita, agora mesmo, o seu estresse, sem aviso prévio.

Depressão, nem me fale, que não é tempo para isso.

A hora é de paz, amor e alegria. E muito riso.

Se, neste momento, você está amargando uma dolorosa depressão, encare apenas como acidente de percurso.

Às vezes, a gente lê por aí: "Em caso de acidente ligue para o número tal". Significa que acidente é apenas um episódio que deve ser imediatamente solucionado, porque a vida está em jogo.

******

Em tempo:

Ligue agora mesmo para o Mestre, que ele vai lhe explicar que "o reino dos céus está dentro de você." Vai dizer-lhe, ainda, que ele não permaneceu fixado na sexta-feira santa, mas venceu a dor, a injustiça e a morte, ressuscitando gloriosamente.

******

Chegou a sua hora de ressurgir das próprias cinzas.

Pouco importa o que tenha acontecido.

Levante-se, proclame a libertação total e festeje a nova vida.

Lembre-se que você é muito maior do que seus problemas. Muitas vezes, não passam de tempestade em copo de água. Mas, mesmo que tenham sido por demais graves, já fazem parte do passado. Pense positivamente, que este é o caminho da solução.

A vida é aqui e agora.

A causa de sua depressão é passado, portanto desfaça-se do que não existe e comece a viver o melhor momento da sua vida.

Por favor, desamarre essa cara, penteie-se como manda o figurino, espraie o seu melhor sorriso e saia para o mundo das pessoas. Todos bendirão a sua presença.

Alegria, alegria, que hoje é outro dia.

Ressurgir é preciso.

Abrace seus familiares, sorria desde o amanhecer, e brinque de ser feliz.

Esta é a sua hora: saia do seu quarto, vista a roupa que mais aprecia, e navegue no mar azul e ensolarado do seu novo destino.

******

Notas:

Sempre disseram que, no fundo, no fundo, você é

uma boa pessoa, mas não esqueça de fazer o fundo vir à tona, para que todos reconheçam que você é sempre boa pessoa, tanto no fundo como no raso.

******

Então, estamos combinados: a partir de agora, muita alegria e boa vontade.

Segure-se nas pontas, ria dos contratempos, e diga que a vida é uma festa, aconteça o que acontecer.

Acredite que no próprio ser humano está a fonte de tudo que é necessário para uma vida maravilhosa e próspera.

******

Que bom que nos encontramos novamente neste abraço final, assim como o desejei no início do livro! Você é pessoa muito especial.

Mil beijos no coração!

Fim

ÍNDICE

SUGESTÕES PARA FIRMAR A MENTE POSITIVA

Livro

Lições Positivas

É um livro agradável e fácil de ler, feito de pequenas mensagens positivas e benéficas, que você pode ler aos poucos, em casa, ao deitar, no ônibus, na praia, no consultório, nos congestionamentos, em qualquer lugar.

Enriqueça sua vida com Lições Positivas,

Livro

Pode Quem Pensa Que Pode

É uma obra bem gostosa de Ler, recém reeditada, com nova ortografia, que vai reforçar mais ainda a mente, fazendo você crer no seu potencial e na capacidade de realizar seus sonhos.

Livro-CD

Dê Fim aos Conflitos da vida

Este é um livro muito diferente, formato diferente, estilo agradável, com recadinhos, e, o que é ótimo, com um CD para você ouvir e mentalizar a maneira de acabar com seus conflitos. Lembre-se que conflito é estado mental. Liberte-se dele.

CD

O Seu Pensamento Faz a Sua Vida

Este Cd de afirmação positiva e de mentalização para que você seja sempre positivo - será uma ajuda bem forte. Ouça-o no carro, em casa, em qualquer momento. Lembre-se que o pensamento faz a sua vida. Você é o que pensa.

CD

Faça a Sua Vida dar Certo

Quem é que não deseja acertar a vida, principalmente depois de tantas complicações e frustrações. Às vezes, você não sabe que rumo tomar em face das dificuldades. Este livro vai conduzir você ao sucesso, pode ter certeza.

***